AF343039

LA-KOR
à la COTE D...
1886
Éditions "d'Extrème-Asie"

GUIDE DU TOURISME

DANS
LE SUD DU CAMBODGE

Édition française

Le Bo'kor

et la

Côte d'Opale

SOMMAIRE

    Hors texte :

Quatre cartes pour le Tourisme au Cambodge.

Une carte de la Chaîne des éléphants (Plateau du Bo'kor), en couleurs.

IMPRIMERIE COMMERCIALE C. ARDIN, SAIGON

Le Gérant

A Monsieur le Résident Supérieur François BAUDOIN,

Animateur du moderne Cambodge

Fondateur de la Station climatique du Bo'kor,

nous dédions ce guide, en très respectueux hommage.

Le Comité de direction d'Extrême-Asie.

Impressions du Bo'kor

par JACQUES MÉRY

Longtemps, sans formuler ma pensée, je demeurai à m'émouvoir de ces vastes tableaux et à aimer ce pays, de telle façon que, si mauvais procédés qu'il ait pour moi dans la suite et quand même cet échauffement qu'il me donne m'apparaîtrait déraisonnable, cela ne puisse jamais être effacé que nous n'avons fait qu'un et que j'ai participé de sa gravité après tant de vaines agitations.

Maurice BARRÈS

Notre voyage s'est poursuivi parmi l'enchantement d'un décor à transformation.

Hâte de l'auto, le soir, parmi la Cochinchine d'instant en instant assoupie davantage. Forêts muettes où se perdit notre vacarme, progrès immatériels d'un bac sur un fleuve nocturne, morne fanal d'un arbuste pailleté de lucioles aux reflets réticents ; déserts, oasis entrevues sous la clarté lunaire, et les toits orgueilleux des pagodes kmères, tout cela parut nous escorter jusqu'à la gaîté d'un matin clair sur une route cambodgienne.

Entre Kampot et Kep, sur le rouge calme du chemin, l'auto s'attarde comme aux détours d'un jardin familier. C'est un glissement dans l'air fluide; c'est dans la transfiguration d'une éclaircie récente, un étalage de couleurs plus humides et plus nues où, parmi la masse foncée des buissons, le vert lumineux des rizières s'étale.

Vastes et palmées, feutrées d'une ombre bleue, les feuilles des lataniers eurent-elles jamais, au sommet de leurs troncs, ces découpures fantastiques dont fut obsédée notre dernière nuit ?

C'est à présent le Cambodge indolent et paisible, parmi la fraîche lumière du matin.

Point d'hommes, si ce n'est massés dans de muets villages. Les sentiers sont déserts et les bosquets et les champs. Pas une cabane brune d'où les indigènes indifférents nous regarderaient passer. Comme étrangère à l'activité des laboureurs, la campagne semble ici prospérer dans le silence et dans la joie de sa beauté.

Mais à notre rencontre, lentement, s'avance une lourde montagne pelée au profil d'éléphant. Quand nous l'aurons dépassée, le Phnom Popok nous sera révélé.

La brutalité d'un carrefour nous a dirigés maintenant vers l'est. Quelques rizières encore, un chantier où l'on charge des camions et la rude montée commence.

* *

Sur la route cahoteuse, malaisée, sinueuse, toute déchaussée par les averses quotidiennes, notre auto d'abord se hisse péniblement. Et c'est l'aspect ordinaire des forêts de ce pays; la rareté, la puissance des arbres trapus, aux feuilles d'un vert épais, tandis que s'enchevêtre, au ras du sol la multi-

Réam : Un coin de plage

tude des broussailles plus claires. Trois banians confondant leurs cimes font un trépied gigantesque : on les admire, mais à peine davantage qu'une plante grêle que termine, à chaque branche, la splendeur d'une feuille en velours blanc. Du haut des troncs presque desséchés cascade la fraîcheur d'une housse de lianes et, parmi la profusion des végétations indistinctes, l'œil perçoit avec reconnaissance la découpure coutumière d'un arbre à palmes. Docile aux caprices de la route, notre auto va comme un crabe alourdi qui gravit un rocher : il progresse, atteint un point, repart à l'opposé sans ralentir, comme poursuivant sur les pentes un itinéraire baroque et réfléchi.

Pourtant, si survient un ravin, un rituel s'impose. Il faut s'acheminer sur les versants, talus de ci, gouffre de là. A droite, entaillé par la route, le grès nous mure d'un plan roux ; par endroits s'y encastre la tranche noircie d'une racine amputée ; vers un ciel invisible, de lourds troncs fusent. De l'autre côté, la longue nappe déclive où cimes d'arbres et broussailles se confondent, plonge au-dessous de nous vers les verdures plus profondes.

Mais il suffit d'atteindre un petit ruisseau qui bouillonne pour s'en retourner vers la lumière, vers la prochaine échappée où nous serons surpris de découvrir si basse une humble mer tapie ; peut-être aussi quelque sommet, tout à l'heure péniblement dépassé, nous apparaîtra-t-il dérisoire, dans les abîmes.

Et toujours revient comme un « leit-motiv », le long parcours coudé, aux flancs des ravinements. L'inquiétude, la molle séquestration dans la brume nous y guettent et la visqueuse étreinte des vêtements mouillés. Car, dans ces entailles où dévalent des torrents, des nuages pesants se canalisent et, dociles au vent qui les pousse, quêtent le sommet.

Chaque fois, incertains de retrouver jamais la joie d'un air limpide, nous devons traverser l'épaisse et blafarde trainée ; et nous allons, comme des captifs, préoccupés seulement du faîte lumineux d'un arbre où paraisse la promesse de notre libération.

Alors, tirés de notre réclusion, parmi l'envol de buées plus furtives, qui se hâtent comme une fumée d'opium, environnés de fumerolles, nous verrons à nos pieds le lourd fleuve gris des nuages.

*
* *

C'est dans l'épanouissement d'un retour à la lumière que nous rejoignîmes notre voiture stoppée. Depuis longtemps nous en étions sortis, sollicités par la fraîcheur d'une atmosphère nouvelle.

Un petit pont s'incurvait là : sous nos pieds une cascade bruissait ; plus rouge sous le soleil, un parvis de larges dalles gagnait, s'amincissant, le frêle porche d'une charmille. Et la molle protection des branches, et tant d'ombre lente pour nous seuls épandue, abritaient une eau vive accourue d'un buisson.

L'eau claire fuyait sans cesse : une vasque, plus haut, entaillait les rochers ; nous nous sommes baignés comme des chèvre pieds...

La montée s'acheva parmi l'émerveillement de futaies gigantesques. La tranchée du télégraphe la creusait par endroits, plongeant, vertigineuse, vers la plaine et ses campagnes amoindries. Soudain, nous dominons le vide, c'est la terrasse du Grand Eperon.

Bien loin devant nous, dans la magie d'une lumière lunaire, s'incurve la frange d'un rivage. Et sur la plage se devine à peine cette ligne où, grisâtre, incessante, la houle vient défaillir en sursauts mous.

Quelquefois, parcourant le ciel dans une arche aux piliers de nuages opaques et monstrueux que déplace une brise lente, le vide pâle d'une éclaircie bée jusqu'à des lointains bientôt éclipsés.

Mais le spectacle de la mer avec ses perspectives infinies ne nous sera pas donné, ni le long regard d'envie dont on suit une barque à la voile lumineuse et gonflée, ni les pays inaccessibles à la flore étrange, que le regard devine par delà l'horizon.

Une mauvaise jonque, en bas, rampe sur des flots sans reflets. Campée dans la mer, noirâtre, immuable, une masse obscure inquiète le regard ; et, longtemps devinée sous la brume qui bouge, brutale, se profile un moment. C'est Phu-Quoc.

C'est Phu-Quoc dont le nom nous a tant fait rêver ; elle se montre pourtant au milieu des eaux calmes comme les montagnes crépelées de bois sombres, qui, parmi la plate Cochinchine, paraissent comparables à des monstres endormis.

Moins inaccessible que les arrière-plans calfeutrés de brume, une plaine s'étale depuis le pied de la montagne jusqu'aux bords du golfe. A droite, dévalant du sommet d'un piton qu'elle recouvre, s'étalant en nappe rugueuse et foncée, ombrée de ravins, bosselée d'éminences qui fument encore quand un nuage s'est à peine dissipé, la forêt va se perdre dans la campagne qu'elle recouvre à demi.

A gauche, le brouillard, longtemps massé, s'allège : il fuit ; des lueurs masquées se trahissent, s'esquissent furtivement ; et, soudain, voici l'échiquier précieux des rizières, ici rehaussées de vert jeune que l'eau recouvre ailleurs comme une plaque d'argent froid. Par endroits nous amuse la minutie d'un bouquet d'arbres lilliputiens et précis, privés d'ombre pourtant dans cette lumière crue qui suit chaque ondée.

Et nous dominons tout cela du haut d'une table de grès blanc qui, tout à coup, s'abat en abrupt vers la mer.

Ici... ici, c'est un autre monde. L'inconnu qu'un ciel brumeux nous dénie transfigure la terrasse où nous sommes.

Mais, devant les pins au grêle feuillage sombre, devant les pierres aux blocs énormes et les sentiers sableux, mon camarade a déclamé, solennel comme un sorcier de théâtre : « La forêt de Fontainebleau ! »

*
* *

— « Monsieur venir là-bas. Ya, Robinson ».

Notre camarade ne s'étonne plus de rien !

Marlotte lui apparaîtrait qu'il chercherait dans sa poche la clef de sa villa.

Notre montée s'était poursuivie au milieu des enchevêtrements des branchages et des broussailles. Sous l'oppression multiple des forêts tropicales, sous leur voûte massive, palmes, lianes, troncs élancés jusqu'aux nues, avaient à l'infini propagé le dur reflet de leur vert assombri.

Et voilà, de l'autre côté de la route, un petit sentier qui s'élève parmi l'herbe rase d'une clairière. Plus haut, le bois recommence, mais les arbres en sont menus comme des taillis de noisetiers chez nous. Sur l'écran d'un ciel calme, les branches, les feuilles se découpent avec minutie. Tout cela bruit, s'unit, s'incline ou se sépare au gré du vent ; il y a des bouquets d'arbres dont les cimes divergent et des éclaircies comme dans un paysage d'Harpignies.

Vers une peinture jadis longuement recherchée et qui nous apparaîtrait, inattendue, à l'autre bout d'une salle de musée, notre démarche ne se ferait pas plus pressée, plus légère, dans l'abolition de toute fatigue.

Aussi passâmes-nous, rapides, parmi la nappe oblongue d'un gazon clair, amusés par le chemin qui s'infléchit sans raison comme dans un parc, désireux pourtant de connaître, après l'oppression de la forêt compacte, le secret du petit bois et sa protection douce.

A peine, sous les premiers arbres, s'épand une étrange douceur. C'est une sensation déjà perçue, — Mais quand ? — C'est, poignante comme un souvenir et comme lui mysté-rieuse, la résurgence de bien-êtres antérieurs.

Bo'kor: Le Site Albert Sarraut (kil. 22 de la montée)

Ce que nous en retrouvons, quelle mémoire obscure en nous sut l'évoquer ? Est-ce le calme léger des espaces, le silence où cette lumière plane, qui s'évide autour de chaque tronc, découpe la moindre branche et jusqu'aux mousses étalées sur le sol plat ?

C'est à coup sûr une joie puérile qui de tout cela se dégage, car nous voilà courant par les sentiers sableux, ou bien jetés en plein taillis à la quête d'une fleur nouvelle que nous nous montrerons comme des enfants.

Etendues à la hauteur du visage, nos mains retrouvent le mouvement qui écarte les branches et, parmi les fourrés accessibles où ne se glisse nul serpent, seul nous afflige l'absence d'une femme avec la grâce désapprise du geste dont elles cueillent.

Nous retrouvons nos gens un peu plus loin.

Autour d'eux, sous l'enclos infléchi des branches assemblées, écorces grises et ciel blême, s'estompent

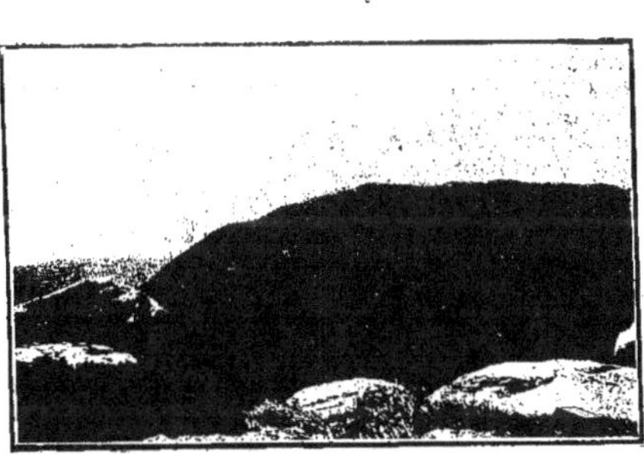

Bo'kor : Le panorama vu du Site Albert Sarraut

dans le secret plus profond d'une lumière sans ombre, et c'est, au fond d'une étroite esplanade où pèse le mystère des très hautes futaies, le jaillissement soudain, monstrueux, en pans abrupts, d'un grand socle de grès.

Triste comme un temple vide, s'érige la masse du piédestal géant que tranche, à son faîte, une terrasse inutile. Mais, à ses pieds, comme autour d'un dieu sylvestre et débonnaire, persiste la fête jadis apprise des sous-bois capricieux, l'ovation des rameaux, l'épanouissement triomphal des fougères et les mousses en guirlandes qui touchent ses flancs roux de leur verdure magique.

Le passé s'échelonne à ses faces rugueuses, et l'une des parois, burinée par le temps, ébauche les trois tours d'un rempart féodal.

A l'escarpe de pierre une échelle s'adosse. C'est une prévenance des hommes, un effet de leur zèle à multiplier partout les décors de fêtes foraines. C'est le présage surtout de ceux qui viendront plus tard, entre deux danses, occupés des gâteaux qu'ils apportent.

Nous repartons enfin : un chuchotement humide, la capture soudaine sous un nuage mou et, subite, précise comme une farce d'étudiant, la pluie s'abattit. On détala.

Refuge illusoire, le pied d'un arbre est atteint ; on y souffle. L'averse redouble et nous en chasse.

A nouveau c'est la course, maladroite, aveuglée, sans regard pour les blocs de grès évidés à la base dont le faîte ébauche, au-dessus du chemin, la protection d'une demi-voûte sans audace.

Sitôt atteint le sommet de la montagne, l'ondée cessa. Un jet d'eau n'est pas tranché plus brusquement.

Cette éminence, la première que l'on rencontre sur le Phnom Popok, est affublée d'un kiosque de guinguette. De cet observatoire, à la saison sèche, on peut voir Kampot et son pays, le rivage incurvé du golfe de Siam et l'infini des horizons marins. Mais, captifs de la brume impénétrable, nous devions ignorer ces campagnes lointaines et ces mers tropicales qu'aurait découvertes à nos pieds l'ampleur d'un tour d'horizon.

Abolis, la nappe illimitée des verdures, le morcellement des rizières, les minces routes prolongées comme une passerelle unique parmi le traquenard visqueux des terres inondées, et la résignation des plaines inférieures sans reflet sous le mortel soleil de midi. Il n'est plus rien pour nous que le petit bois parcimonieux, les arbres au tronc étroit et la grâce modérée du petit chemin au long duquel s'épand, comme un bienfait, le souvenir d'un pays de France.

Désormais, nous irons comme en pleine illusion !

Cette fraîcheur, ces molles inflexions d'une région bocagère, la paix discrète des herbages, quel paysage tropical est-ce là ? Au bout de cette route, nous découvrirons... quoi ? Le Bo'kor au nom de bronze, ou bien les maisons blanches d'un humble village de chez nous ?

Tour à tour, épandue ou restreinte au gré des bois qui la tiennent enclose, la nappe des gazons ondule, tapisse des enclos, se bombe sur les tertres s'incurve au fond des creux, ou, tout à coup, se prolonge entre les lignes sombres des futaies alignées dans l'infinie perspective d'une pelouse, jusqu'aux lointains.

Ce qui règne au long de ces esplanades, c'est la nostalgie des abandons, c'est la douceur inquiète de ces parcs déserts où se complaît l'humeur de châtelains singuliers.

Au milieu des clairières, par endroits, un arbre aux contorsions bizarres absorbe le silence. Gainée d'obscures lianes comme un pavillon muet qui, jadis, abrita les amours des marquises, une terrasse de grès s'érige encore. Ailleurs, sous le ciel terne, paraissent des rochers blancs : façonnés par l'usure des temps, champignons gigantesques et crapauds monstrueux attestent l'existence des strates disparues en parant ce jardin de leur vie pétrifiée.

Mais il arrive aussi qu'on doive traverser la masse brune des bois aux troncs rugueux, aux feuillages ternes et chiches. Comme nous sommes loin de la forêt d'en bas, de ces arbres géants de ces broussailles dressées au bord de la route comme un rempart impénétrable ! Ici, sous l'écartèlement excessif ou sous la crispation des branches, toute une végétation contournée, cahotique et vieillotte de nabots, hanche comme un ballet de danseuses fanées.

Des troncs se coudent, à la façon d'un bateleur ; plus desséché qu'un pendu et plus que lui grotesque au bout d'une potence, un étique panache de rameaux gesticule sous le vent.

Car, au cheminement des racines dans le sol ingrat et résistant, aux longs bâtonnements des fibres sur une dalle souterraine, s'ajoute, pour cette flore déshéritée, l'effort incessant des bourrasques, l'affolement des feuilles, le fléchissement résigné de toutes les plantes, qu'incline, souverain, le grand souffle accouru de la mer.

Il y aurait de belles études à faire sur la botanique, nous avait-on confié lors de notre départ !

Eh, que nous importe à nous ! Noueux comme des chênes, écourtés comme des saules, étranges sous le vent et sous la brusque fuite des nuages clairs qu'ils éventraient parfois, les arbres, en long cortège, ont défilé sous nos yeux comme une évocation lointaine de nos forêts qui chantent. Autour d'eux, tout s'agite, tout est mouvement : l'air bruit, emportant les nuées ; dans des ruisseaux, dans des fossés, partout s'affaire la fuite d'une eau vive, claire ici, plus loin devenue laiteuse, ailleurs brunie par le rouissage des branches mortes ; et surtout, au long des herbes gaies allongées en parements sur les bords de la route, la pourpre de petites fleurs, le mauve tendre de certaines autres, s'étalent en larges nappes. Des fleurs nouvelles à profusion sous un ciel dantesque, animé, sans torpeur ! Que ce voyage ne finisse jamais !

* *

C'est pourtant au milieu d'un échauffement suave, sympathiques et guillerets, tonitruants et recrus de tendresse, que nous sommes repartis, deux heures plus tard, pour de nouvelles expéditions.

Comment, sur ce massif désert qu'ennoyait une pluie frénétique, comment, sous l'abjection d'un jour à peine translucide, avons-nous distingué la silhouette d'un toit gris, d'où, familiale, une fumée s'échappait ? Ce fut un assaut sous l'averse, une galopade incohérente et désunie. Souliers, secques de bois martellent le ponceau qui conduit à l'entrée. On glisse, on trébuche ; un Annamite tombe, suffoque, se frotte le derrière, avec des contorsions. Alors, par les mérites de cet homme grimaçant, en même temps que par une porte entrebâillée, olympien, vénérable et moustachu, se manifesta le visage d'un inconnu qui voulut bien nous héberger.

Long répit devant une cheminée où susurrent de maigres bûches, quels souvenirs ne suffisez-vous pas à provoquer en nous ? Dehors, la bruine, la pluie, le vent ; ici, la lente contemplation d'une flamme hallucinante devant quoi le corps s'amollit de bien-être et qui prête à l'esprit son recueillement stérile et délicieux.

Contemplation plus précieuse d'avoir été furtive !

Car bientôt survinrent, pour la troubler, les vapeurs d'un petit vin corse, les enthousiasmes d'une digestion magnifique et cette prompte sympathie que seules, à l'homme étanché de la société, dispensent en guise de compensation, la Guerre et la Brousse.

Depuis lors, nous fûmes trois. Trois à chanter ces mélodies saugrenues où traînent encore des joies abolies d'étudiants ; trois à nous décrire le Val d'Emeraude, dissimulé par le brouillard.

Brusque, la pluie survient à nouveau ; vaguement la silhouette d'une bâtisse s'ébauche ; on y court et nous voilà dans le « Palace ». Pour le moment, rien

6

que des murs qui luisent et suintent sous l'averse, un hall splendide et, nu, le trou béant d'une citerne, mais surtout, dévalant sous les fenêtres, le spectacle vertigineux d'un gouffre où les nuages se brassent, dévalent, roulent, s'étirent en masses floches, un abrupt insensé vers les abîmes où rampent des pays, une vision titanique, farouche comme une victoire et digne de l'orgueil de ton nom, ô Bo'kor!

Et voici que se dégage le sommet de la montagne dominatrice; la pluie cesse. Privilège invraisemblable! Chance unique en cette saison, et qui rend possible cette visite aux chutes de Popokvil dont nous avions désespéré!

En hâte, comme traqués, nous reprenons la route qui nous vit ce matin émerveillés et maussades; un carrefour nous détourne vers l'inconnu, nous jette sur les pentes d'une plongée tortueuse, durable, immatérielle où s'allège la contrainte de notre corps pesant. Nous faisons, au passage, claquer comme du tonnerre les ponceaux de rondins, tandis que, vers les cieux, indéfiniment, s'allonge le jaillissement des parois blanches dont le faîte nous portait à l'instant et qui déjà surplombent l'enfouissement de notre course folle.

Mais peu à peu, comme absorbés, s'aplanissent les bords de la tranchée, entraînant dans leur descente la nappe sombre et moutonneuse des feuillages ramenés jusqu'à nous; enfin, vaste comme la mer, unie comme elle, tapissée d'herbes ternes, paraît une clairière sous la lumière blême d'un jour convalescent. Ici, trêve de vent, nulle vie, rien ne s'émeut; les nuages passent, hautains, sur ces étendues léthargiques. Seuls habitants du plateau, humbles et voraces, obscènes et dérisoires, pendent en longues urnes, comme au séchoir, les calices des népenthès.

Devant nous pourtant une lisière sombre se rapproche; on l'atteint. Quelques cahots, des ravins qu'on franchit, un cabrage brusque du chemin et la voiture s'arrête sur une plate-forme enclose de grands arbres. Une maison se dresse, encore oubliée; il traîne sous le revêtement d'une herbe opiniâtre la mélancolie des allées qui s'abolissent, et tant de solitude et l'accablement muet d'une vie disparue sont tout ce qu'a laissé un étranger qui longtemps vécut là.

A nos pieds, quelques fleurs et, cramoisies, des fraises!

C'est au détour d'une haie vive que se démasquent les chutes. Devant nous, dans la pénombre, le vide bée jusqu'à cette falaise démesurée, verticale et feutrée de feuillages qui, sur l'autre rive, limite le décor et va se perdre en bas dans les abîmes. Ici, le drame est silencieux; aucun sursaut, à peine une rumeur. Tout reste distinct, étranger, sans angoisse, comme un spectacle. On n'y connaît point la clameur d'océan que déchaînent, au pied des cataractes, les eaux qui retombent brisées, mais à vos pieds, fatale, en nappes unies qui s'incurvent dans l'air comme plane un oiseau, la rivière va retomber, rebondir sur un méplat, et plus loin, d'un seul jet, plonger vers des régions inconnues et profondes. Telle la peindrait Hokusaï.

* *

Aux approches du soir nous avons dû partir.

Nous les avons revus les ruisseaux, les terrasses de pierre, les détours du chemin, si nus, si proches tout à l'heure dans la jeunesse du matin, nous les avons revus diaphanes, comme évoqués, et dérivant jusqu'aux lointains de cette giration dolente où bientôt s'allaient perdre les pays lentement suscités à notre rencontre. Aspects, clartés, grands arbres anesthésiés aux approches de la nuit, et notre fuite sur le chemin, tout se dérobait dans cette défaillance douce et tragique où se prolongent les crépuscules. Au Grand Eperon, nous stoppâmes et, dans l'air terni, s'imposa la nature sous le silence. A nos pieds, la nuit s'infiltrait, comme d'une barque traînant encore à son étrave la caresse d'un élan se rapproche la masse obscure d'une rive. Nous avons vu les campagnes déjà sans âme, la mer abandonnée et le reflet si clair de l'arroyo parmi la pénombre; bientôt le grand pin qui tentait de fixer la silhouette sombre de ses branches sur le ciel décadent se fondit dans l'ombre; c'était la nuit.

Alors, sous le silence des grands bois tièdes, nous sommes repartis vers la vie quotidienne.

(Bo'kor, saison des pluies 1923).

LE BO'KOR ET LA COTE D'OPALE

Guide du Tourisme dans le Sud du Cambodge

I. — Les merveilles de la Côte d'Opale

Généralités

Dans toute l'Indochine, nombreux sont les centres de tourisme qui méritent d'attirer les voyageurs. Entre autres pays de l'Union Indochinoise, le Cambodge, avec ses incomparables ruines d'Angkor, et les autres vestiges grandioses du passé Khmer, constitue un des plus extraordinaires centres d'intérêt qui soient au monde : il présente des spectacles aussi passionnants que ceux des monuments de l'ancienne Egypte et de l'antiquité grecque et romaine.

Aussi, le Cambodge est-il en train de devenir le pays de prédilection des touristes étrangers.

Mais il serait injuste de ne voir dans ce beau domaine de notre Indochine que des splendeurs architecturales et artistiques.

On oublie trop souvent que le Cambodge, en particulier le Cambodge du

La plage de Prek-Kadat au pied du Bo'kor

sud, est un pays merveilleusement riche en sites pittoresques, d'aspects aussi variés que posible. Toute la côte qui se déroule depuis Hatien jusqu'à Réam, le long des horizons radieux du Golfe de Siam, est un pays qui, par ses beautés naturelles, est susceptible d'attirer un nombre de plus en plus considérable de voyageurs. De l'avis de tous ceux

qui ont parcouru cette région favorisée, dont les panoramas tour à tour grandioses et riants ne sauraient laisser indifférents les amateurs de belles choses, il est indiscutable que la Côte d'Opale, — (c'est ainsi que ses tonalités étranges et diaphanes ont fait surnommer la région du sud Cambodgien), est un centre de tourisme qui laisse loin derrière lui par ses beautés les paysages de maints autres pays orientaux.

D'ailleurs, ce n'est point seulement au point de vue esthétique que la côte du Golfe de Siam mérite d'attirer les touristes. Si les voyageurs étrangers peuvent admirer dans cette région des paysages qui sont parmi les plus beaux qui se puissent voir, d'autre part, les coloniaux fatigués par le climat de la plaine trouveront, dans l'attraction principale de la côte d'Opale, le mas-

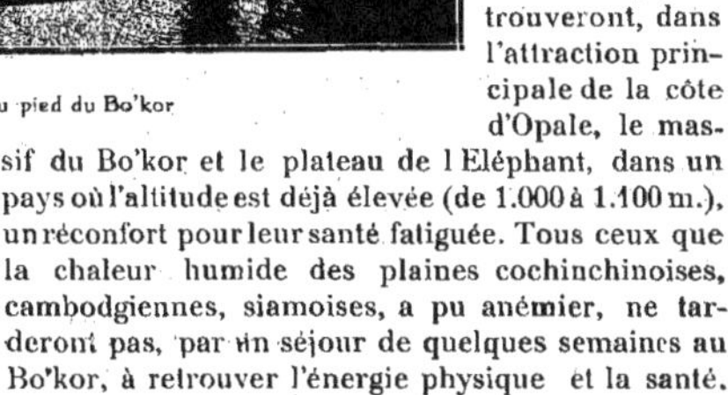

sif du Bo'kor et le plateau de l'Eléphant, dans un pays où l'altitude est déjà élevée (de 1.000 à 1.100 m.), un réconfort pour leur santé fatiguée. Tous ceux que la chaleur humide des plaines cochinchinoises, cambodgiennes, siamoises, a pu anémier, ne tarderont pas, par un séjour de quelques semaines au Bo'kor, à retrouver l'énergie physique et la santé.

Le Massif de l'Eléphant vaut, en effet, un séjour, même après Dalat, l'autre grande station climatique et peut-être convient-il plus que Dalat à un certain nombre de tempéraments que l'altitude du Langbian et ses variations assez soudaines de température pourraient fatiguer. De l'avis de médecins autorisés que nous avons consultés à ce sujet, il est incontestable que le massif de l'Eléphant, dont le climat d'altitude est tempéré par les effluves maritimes, — (la température, sans variations brusques, oscillant seulement entre 10 et 20 degrés, rappelle assez le printemps de France), — réunit des conditions hygiéniques vraiment excellentes.

Ajoutons, d'ailleurs, que pour qui voudrait faire une véritable cure d'altitude et retrouver en Indochine même tous les éléments susceptibles de contrebalancer l'anémie et la dépression coloniale, un séjour d'abord sur le plateau du Bo'kor et ensuite à Dalat, le premier permettant l'accoutumance au second, est évidemment à recommander.

D'autre part, les coloniaux aussi bien que les touristes étrangers trouveront sur le plateau du massif du l'Eléphant, devant un panorama grandiose qui rappelle étrangement certains sites des Alpes Maritimes, un pays qui offre avec la France, non seulement des analogies de climat, mais aussi d'aspects physiques.

Bo'kor : Le rocher Germaine

En effet, si nombre d'essences forestières du Bo'kor sont différentes de celles d'Europe, on retrouve sur le plateau de l'Eléphant les paysages forestiers de la France : sous-bois à l'ombre douce, sources fraîches et bruissantes, sentiers tapissés d'une moussée épaisse, fougères et bruyères, tout un ensemble de tonalités, de nuances qui, avec la fraîcheur printanière du climat, rappellera à d'aucuns bien des contrées de France, impression que viendra fortifier encore l'aspect géologique du pays, reposant sur une masse de grès où abondent des blocs de pierres étrangement découpés et parant le pays de décors fantastiques.

Enfin, pour le touriste, un très grand nombre de centres d'attraction sont réunis à proximité du Bo'kor, dans un rayon de 100 km. è l'est et à l'ouest.

Kep est un de ces centres. Plage délicieusement ombragée comme les sites de la Rivièra Italienne, centre doué d'un bungalow confortable, grève de sable fin, en pente douce, qui constitue une plage de famille, séjour fort agréable pour les touristes.

Autour de Kampot, qui, par son bungalow, permet un séjour également confortable, on trouve de nombreuses curiosités à voir et d'intéressantes excursions à faire.

A une quinzaine de kilomètres au nord, de grandes forêts extrêmement abondantes en gibier, attireront les chasseurs ; des montagnes calcaires avec des grottes fort impressionnantes rappelleront en plus petit, mais avec des allures peut-être plus sauvages, les grottes de Han ou celles du Lot. Au bas du Bo'kor et non loin de Kampot, la plage délicieuse de Prek-Kadat. Plus loin, vers le nord-ouest, Réam, port magnifique et une plage superbe qui sera aménagée sous peu et qui, plus sauvage que Kep, attirera les chasseurs et les excursionnistes que tenterait la visite des ilots, encore peu connus du golfe de Siam.

Par Hatien ou par Kampot, la grande île de Phu-Quoc, avec ses montagnes, ses curieux villages, ses pagodes, ses pêcheries et ses forêts aux sites sauvages, est également un centre d'excursions possibles qui sourira certainement aux amateurs d'impressions nouvelles.

Enfin, les centres innombrables et si divers du Bo'kor sont à eux seuls tout un monde.

La Côte d'Opale

Dans la partie, très vaste du Plateau, qui est, dès aujourd'hui, parfaitement aménagée pour le tourisme, d'innombrables sentiers et un réseau routier déjà fort appréciable permettent de multiplier les belles promenades. On peut faire au Bo'kor un très long séjour en variant chaque jour son itinéraire, sans que jamais puissent se retrouver les mêmes paysages et les mêmes impressions.

On ne saurait donc trouver en Indochine une région plus favorisée pour le tourisme que la côte d'Opale et la région montagneuse du Bo'kor.

II. — *Le principal centre de Tourisme de la Côte d'Opale : le Bo'kor* (1)

A quel moment le visiter ?

Mais parmi tous les sites enchanteurs ou grandioses de la Côte d'Opale nul doute que le touriste n'en vienne à apprécier plus que tous les autres centres d'excursions ce prodigieux Mont Bo'kor où s'harmonisent à merveille les paysages de la mer et ceux de la montagne, comme se marient dans son climat éternellement printanier les effets de l'altitude et les effluves marins.

La station d'altitude du Bo'kor vient d'être brillamment inaugurée le 14 février dernier, par son créateur, M. Baudoin, Résident Supérieur au Cambodge, entouré de nombreux collaborateurs et admirateurs de son œuvre digne d'éloges. Il nous paraît donc d'intéressante actualité de signaler, dans un bref exposé, les principaux attraits de ce site.

Le Mont Bo'kor, découvert en 1917 par une mission permanente chargée de faire des levers topographiques sur les hauteurs du Massif de l'Eléphant, au voisinage de Kampot, est aujourd'hui une Station climatique d'altitude. Un bel édifice à deux étages, d'une architecture robuste et soignée, le Palace-Hôtel, y dresse sa masse imposante agrémentée de terrasses et de pergolas du style italien.

Le Bo'kor Palace

Située à 1065 mètres d'altitude au bord de la falaise qui domine à pic la côte maritime du Cambodge dite « Côte d'Opale ». Jouissant d'un climat tempéré et d'une situation d'un pittoresque exceptionnel, la nouvelle station, bien qu'en pleine période d'organisation, et de fondation toute récente, a déjà conquis auprès du public une faveur des plus méritées.

Aux douceurs d'une température presque méditerranéenne, le Bo'kor joint les avantages conjugués de la mer et de la montagne voisinant côte à côte. L'une, par l'action stimulante de son humidité saline, l'autre, par la fraîcheur de l'air dénué de

microbes, activent la régénération du sang, aident au retour des forces et de la santé et font du Bo'kor une station qui convient aux personnes débilitées par le séjour tropical. Les effets de cette double cure se font rapidement sentir par une augmentation de l'appétit, par une activité plus grande de la circulation. Les enfants plus particulièrement ressentent après quelques jours de station une transformation des plus sensibles au mieux de leur état général.

Toutefois, pour qu'un organisme affaibli ressente des effets durables, le séjour sur la montagne doit être au moins d'un mois. L'époque froide, du mois de novembre au mois d'avril, est à recommander. Durant cette période, le thermomètre varie entre 24º et 14º pour descendre parfois jusqu'à 12º et, exceptionnellement, au dessous de 10º. L'humidité est nulle et le froid de cette atmosphère sèche est à la fois agréable et des plus sains. Le Bo'kor étant soumis au régime des moussons, les autres mois ne sont pas à conseiller à cause de l'intensité des pluies, tout au moins pour les malades, car les touristes pourront profiter de quelques belles éclaircies et tenter dans la montagne d'intéressantes sorties.

Le Bo'kor, en effet, n'est pas seulement une station climatérique ; l'amateur de pittoresque peut y contempler d'admirables sites. Dès qu'on aborde la montagne par le versant maritime, la montée se déroule en bordure de précipices dans un cadre de forêts vierges de haute futaie.

Au site Albert Sarraut (Kil. 22) l'horizon s'élargit : succédant aux éclaircies intermittentes de l'ascension, un panorama de grand style s'offre aux yeux émerveillés du voyageur. Au bas de la falaise abrupte, le rivage apparaît dans un curieux raccourci, à droite vers la masse saillante du Bo'kor qui se profile en plein ciel, en face Phu-Quoc et d'autres îles comme autant d'émaux bigarrés sertis dans la mer ; sur la gauche, à perte de vue, les plaines du

(1) Bo'kor en cambodgien : la bosse du bœuf.

Cambodge et les premières marches de Cochinchine. Encore quelques kilomètres, les crêtes du Bo'kor apparaissent, puis c'est la station tout entière avec son Palace haut perché, son petit lac en miniature, sa vue immense sur le golfe du Siam.

A peu de distance de la station c'est Bella-Vista, piton élevé de 1.000 mètres, véritable perchoir d'aigles, observatoire de premier ordre d'où l'on découvre à la fois le golfe du Siam et toutes les plaines du Cambodge. En arrière des falaises, les grandes cascades de Popokvil s'annoncent au loin par un grondement significatif. D'une véritable cassure de la montagne, l'eau tombe successivement sur deux gradins de 14 et 18 mètres de profondeur pour aller se perdre dans un gouffre à travers un entassement de rochers, vénérable bouleversement géologique.

Ailleurs, dans un calme reposant, c'est la station agricole établie dans le Val d'Emeraude, petit vallon étroit couvert de pâturages au fond duquel roule un torrent. Des plantations sont disposées en gradins ; toutes les cultures maraîchères y sont représentées et donnent d'excellents résultats.

Des arbres fruitiers y sont à l'essai et pour donner à toutes ces utilités encore plus de charme, les fleurs poussent à foison : touffes de violettes, œillets, roses trémières et roses de France.

Le site Robinson, celui des Cinq Jonques, la station d'élevage du site Albert Sarraut, complément de la station agricole du Val, sont encore à signaler et l'on n'en finirait plus de mentionner tout ce qui est susceptible dans les environs du Bo'kor, de retenir l'attention du touriste.

Si, dans son état actuel, le Bo'kor jouit déjà d'une excellente réputation, la réalisation de certains projets en cours lui donnerait à n'en pas douter une place de premier choix parmi les stations d'Extrême-Orient. Il conviendrait d'abord d'établir à la station elle-même une série de terrasses, véritable corniche d'où les promeneurs pourraient contempler sans se lasser par temps clair et même à travers les nuages le merveilleux panorama du golfe de Siam. Enfin, le Bo'kor pourrait se doubler d'une station balnéaire à condition d'être relié à la petite plage de Prek-Kadat par un funiculaire permettant de se rendre en 45 minutes du sommet de la montagne à la mer et vice-versa.

III. — Le Bo'kor considéré comme station climatique

Sa valeur

Voici à ce sujet ce qu'écrit un éminent praticien, M. le Docteur Valette, directeur du Service local de Santé (1) :

« Le Bo'kor classé comme station d'altitude moyenne, se trouve à 1.060m. au-dessus du niveau de la mer et est exposé de plein fouet aux vents saisonniers règnants, en été, la mousson de S. O., en hiver celle de N. E., c'est là une des causes de fraîcheur qui s'ajoute à celle de l'altitude.

« Station d'altitude moyenne, elle ne peut se comparer à Dalat qui, située à 1.500 m. est une station de haute altitude. Si elles ont entre elles certains points de comparaison, elles diffèrent complètement l'une de l'autre, elles ont leurs qualités propres et aussi leurs défauts propres.

« En quelque saison que ce soit, le voyageur qui monte au Bo'kor éprouve une sensation de bien être intense : la fatigue causée par la chaleur qui règne dans la plaine disparait, la respiration est plus facile, les forces vitales semblent s'accroitre. Plus d'essoufflement plus de transpiration, une réaction salutaire se fait, et telle personne pour qui la marche en ville était une fatigue, se promène allègrement sur le plateau.

« Tel qui n'avait plus d'appétit se sent soudainement affamé. Celui qui ne dormait plus éprouve une sensation de délassement et retrouve le sommeil. Il y a des personnes qui ressentent un tel soulagement qu'elles passent leur temps à dormir et à manger. L'on peut dire que presque tous, au bout de quelques jours, retrouvent les forces perdues. De mes observations personnelles, j'ai pu constater les modifications suivantes dans l'organisme :

Action sur la circulation

« Au début, on observe, en général, une légère augmentation de la fréquence du pouls. Ce phéno-

mène disparait au bout de quelques jours, et ne mérite pas d'attention spéciale. Ce qui manifeste avec évidence sous l'influence de l'altitude du Bo'kor, c'est une activité plus grande de la circulation, la peau et les muqueuses recoivent plus de sang et le cœur se contracte avec plus d'énergie, d'où décongestion des organes et principalement du poumon. Les globules rouges augmentent et l'anémie disparait petit à petit ainsi que j'ai pu le constater chez une malade, extrêmement anémiée et que je voulais faire partir pour France. Un mois de Bo'kor l'a remise en état ».

Action sur la respiration

« Elle suit la marche de l'action sur la circulation. Au bout de quelques jours, l'on éprouve une extrême facilité à respirer, et cette action eupnéique se manifeste chez tous, et est la conséquence directe d'une ventilation plus active du poumon ».

Action sur la nutrition

«L'action tonique du climat, l'abaissement de la température de l'air, l'activité de la circulation ont pour conséquence rapide une augmentation des échanges nutritifs. L'appétit augmente peu à peu et permet de réparer en peu de temps les pertes causées par l'anémie ou le paludisme ».

Action sur le système nerveux

« C'est une action tonique qui se manifeste par le relèvement de l'état général. Les personnes qui souffraient d'insomnies dorment en général très bien, et je suis persuadé que ceux qui sont affligés de migraines, ceux dont l'intelligence est fatiguée par l'excès de travaux intellectuels doivent en retirer un grand bénéfice, qu'ils auront le calme de leurs nerfs et retrouveront le sommeil perdu ».

Indications et contre indications d'un séjour au Bo'kor

« Le climat d'altitude moyenne convient au traitement de presque toutes les affections débilitantes,

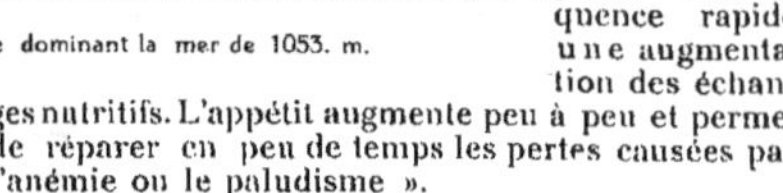
La très belle terrasse du Bo'kor Palace dominant la mer de 1053. m.

(1) *Echo du Cambodge*, 4 avril 1925.

à condition que le cœur soit en bon état et capable de faire les frais de la diminution de pression atmosphérique. Les cardiaques et les fébricitants ne doivent jamais monter dans l'altitude.

« Telle personne dont le cœur peut supporter l'altitude du Bo'kor, sera obligée de redescendre à bref délai de Dalat, qui est à 500 mètres plus haut. J'ai vu le fait se produire dernièrement pour une habitante de Phom-Penh ».

Le Bo'kor et son climat

« Le climat du Bo'kor se classe parmi les climats d'altitude subtropicaux de Martone, c'est-à-dire qu'ils présentent une saison sèche et une saison des pluies, toutes les deux nettement tranchées. Toutefois, ils ont de commun avec les climats d'altitude tempérés une diminution notable de la température au fur et à mesure que l'on s'élève, une diminution de la pression atmosphérique et du degré hygrométrique de l'air suivant les saisons.

Température

« La loi de Loisil donne pour les climats tempérés une diminution de 1 degré centigrade par 180 mètres d'altitude. Des observations faites par MM. le Dr. Berret, médecin de Kampôt et Jubin, chargé du Cadastre de la Station, il résulte que la diminution pour le Bo'kor est de 1 degré centigrade par 130 mètres — c'est-à-dire qu'il y a environ 8 degrés de différence avec la température du niveau de la mer. La température moyenne de Pnom-Penh étant 27°7, celle du Bo'kor ressort à 19°7, différence considérable. La plus forte température enregistrée a été de 22°7 en mai, et la plus basse de 14°6 en janvier pour l'année 1924.

« L'écart journalier est peu sensible 8 à 9° entre le matin et le soir. Il n'y a pas comme à Dalat des sautes brusques allant jusqu'à 30 degrés qui sont néfastes pour le cœur et les poumons.

Pression atmosphérique — Varie entre 665 et 675.

Degré hygrométrique

« On a prétendu que le Bo'kor était très humide, sans se soucier de faire une distinction entre la saison des pluies et la saison sèche. Ces deux saisons sont à peu près égales, la première dure 6 mois et la deuxième 6 mois. Comme dans la plaine, la saison des pluies a un degré hygrométrique élevé, environ 92 de moyenne ; par contre, pendant les six mois d'hiver (saison sèche) du 1er novembre au 1er mai, le degré hygrométrique varie entre 57 1/2 et 73 1/2. C'est la saison propice pour aller au Bo'kor faire une cure de repos. En mars et avril, la chaleur très forte et insupportable à Pnom-Penh ne se fait nullement sentir au Bo'kor qui jouit à ce moment d'un climat très frais et sec.

Pluies

« Du 1er novembre au 1er mai, la hauteur d'eau tombée au Bo'kor est presque nulle. — Par contre, du 1er mai au 1er novembre, la pluie tombe régulièrement tous les soirs, et de plus en plus fort pour atteindre, en général, un maximum en août. La hauteur moyenne exprimée en mètres est pour toute l'année d'environ 3^m80. A Pnom-Penh, elle est de 3^m07. La pluie est un désagrément, il est vrai, mais il y a des éclaircies et même si l'on monte en été, la température est toujours plus fraîche que dans la plaine où il pleut la même chose. Il y a environ 113 jours de grande pluie par an, 55 de petite pluie et 252 jours secs.

Nuages et brouillards

« On incrimine le Bo'kor d'être souvent dans le brouillard, sans vouloir faire la distinction du brouillard sec et des nuages. Le brouillard sec dépend de circonstances locales, il provient de l'évaporation du sol de Bo'kor et des vallées ; c'est en somme un amas de vapeurs légères entraînées le matin principalement, au lever du soleil, le long des flancs de la montagne et qui se dissipent très rapidement dès que l'atmosphère est échauffée par le soleil. Ils sont véritablement secs et ne mouillent le sol, ni les vêtements. Le brouillard de la 2e catégorie accompagne la pluie, c'est le nuage lui-même qui passe sur la montagne et comme tel il est saturé de vapeur d'eau. Il ne se rencontre qu'à la saison des pluies ou lorsqu'une pluie passagère, très rare pendant la saison sèche, vient à tomber. Il est franchement humide.

« Malgré tout ce que l'on ait pu dire du Bo'kor, la saison de novembre à mai y est vraiment délicieuse, et redonne la santé aux anémiés et aux fatigués.

Culture maraîchères

Tous les légumes de France poussent au Val d'Emeraude où coule une rivière aux eaux vives : le Chos Prom. Le service de l'Agriculture y a installé une suite de jardins suspendus absolument merveilleux : potagers et fruitiers. Les fraises et les petits pois du Bo'kor sont réputés et tous les légumes sont donnés en cession à des prix défiant toute concurrence, aux deux hôtels et aux particuliers qui en font la demande. Une vacherie modèle a été installée au 22e km. (cote 979), par les soins du Service Vétérinaire et des vaches métisses indiennes y pâturent en liberté l'herbe de Guinée qui a été acclimatée en cet endroit. Elles peuvent fournir (une seule traite) environ 2 litres de lait par jour. Comme pour les légumes, des cessions sont faites aux particuliers.

Conclusions

Malgré certaines critiques qui ont été formulées et qui peuvent aussi bien l'être pour toutes les stations d'altitude subtropicales quelles qu'elles soient, le Bo'kor peut rendre de grands services aux gens fatigués.

Le meilleur moment pour s'y reposer va du 1er novembre au 15 mai, période de la saison sèche, où la pluie et les brouillards sont presqu'inconnus

Les mois de mars et d'avril sont, au Cambodge et en Cochinchine, les plus chauds de l'année, avec un potentiel électrique maximum, car les orages qui se forment n'éclatent pas, et mettent les nerfs des malades à une dure épreuve. Il est précieux d'avoir à portée de soi (180 km. de Phnom-Penh) une station où la température soit fraiche, et dont l'altitude est sédative. Malgré toutes les imperfections que l'on peut lui reprocher, le Bo'kor est et restera un des grands progrès réalisés pour le bien-être des Européens vivant au Cambodge, progrès dûs à la sollicitude d'un chef soucieux de la bonne santé de ses administrés.

Phnom-Penh, le 30 mars 1925.
Le Directeur du Service de Santé du Cambodge,
Dr Em. VALLET.

Photo M. D.   Laurent, graveur

UN DES SITES DÉLICIEUX DE LA STATION CLIMATIQUE DU BO'KOR: POPOKVIL

La première cascade de Popokvil dont les eaux merveilleusement fraîches, après un parcours souterrain, jaillissent au milieu d'immenses blocs de grès, est un des paysages les plus enchanteurs de la station climatique du Bo'kor.

Ajoutons que cette chute de Popokvil (1000^m d'altitude) est en même temps une véritable curiosité géologique, à cause de ses « marmites de géants », excavations profondes creusées çà et là, dans le lit de la rivière, par des masses de grès entraînées par les eaux.

La deuxième cascade de Popokvil au milieu des fougères arborescentes.

La deuxième cascade de Popokvil, vue du lit de la rivière.

DEUX AUTRES ASPECTS DE
LA RIVIÈRE DE POPOKVIL

Avant la série de ses chutes, au milieu de gorges sauvages et de sites dignes des forêts vierges, la rivière de Popokvil est un joli ruisseau aux eaux paisibles que bordent de frais sous-bois à l'épais tapis de mousses et de fougères et que franchit un pont rustique. Les rives de Popokvil, avant la cascade, constituent pour le Bo'kor l'analogue des promenades du Camly à Dalat.

Photo M. D.   Durand, graveur

DEUX AUTRES ASPECTS DE
LA RIVIÈRE DE POPOKVIL

Avant la série de ses chutes, au milieu de gorges sauvages et de sites dignes des forêts vierges, la rivière de Popokvil est un joli ruisseau aux eaux paisibles que bordent de frais sous-bois à l'épais tapis de mousses et de fougères et que franchit un pont rustique. Les rives de Popokvil, avant la cascade, constituent pour le Bo'kor l'analogue des promenades du Camly à Dalat.

Photo M. D.   Laurent, graveur

IV. — *Agrément et confort*

Le Bo'kor-Palace

A 1060 mètres d'altitude. Une terrasse en encorbellement surplombant à pic un abîme de verdure et, par delà, les infinies perspectives du golfe de Siam : océan de forêts du massif de l'Éléphant déferlant en cascade vers un océan gris plombé, aux les étrangement incurvées. Sur cette terrasse, le vert jeune des plates-bandes de gazon piquetées de palmiers contraste avec la sépia vive du Bienhoa, le tout dominé par l'orgueilleux Bo'kor-Palace dont

l'heure crépusculaire, transformation magique des îlots du golfe. Les assistants émerveillés évoquent à propos de Phu-Quoc, violette sous le soleil mourant, le souvenir de « l'isoladi capri », dans ce panorama d'une douceur quasi-napolitaine.

Et, en vérité, lorsqu'on rentre à la nuit fraîche, dans le Palace, on se demande, sous le jaillissement de la lumière électrique, qui illumine l'Hôtel comme un château féerique en plein ciel, en quel pays l'on est transporté. Ce chauffage électrique, cette installation moderne et luxueuse, n'est-ce pas

Bo'kor Palace : Un angle de la salle à manger

le haut édifice à pergolas superposées dresse sa jeune splendeur en face de l'incomparable panorama.

De cette terrasse de l'Hôtel, on assiste à tous les effets prodigieux de la lumière sur l'horizon. Parfois, un nuage léger, une fumée, une poussière de nuage, s'accroche au flanc des forêts qui cascadent vers la mer. Mais il s'échancre et se dissipe bientôt, et c'est alors la lumière extrême. A l'aube, mais surtout à

celle des meilleurs hôtels d'Europe ? Illusion agréable, encore confirmée par la succulence des repas où trouvent place les fraises parfumées et savoureuses, maints autres fruits de France et les légumes les plus jeunes, les plus frais et les plus fondants. Choses appréciables en vérité, et qui s'harmonisent fort bien avec la beauté des sites et la douceur méditerranéenne du climat.

V. — *Pour se rendre au Bo'kor*

1° *En venant du Siam*. — Rien de plus aisé et de plus agréable que le voyage de Bangkok au Bo'kor. On ne saurait donc trop engager les touristes siamois ou les touristes venant des Indes Anglaises et désireux de visiter l'Indochine, de passer via Bangkok, Golfe de Siam, pour aller visiter le merveilleux pays cambodgien.

De Bangkok, plusieurs lignes de navigation font le service régulier jusqu'au port cambodgien de Réam, port magnifique où sont susceptibles d'accoster les plus gros bateaux. Parmi ces lignes de navigation, signalons les bateaux très confortables de la Société des Affréteurs Indochinois et le vapeur *Nibha* de la Steam Navigation C⁰.

Nos lecteurs trouveront d'ailleurs, dans notre notice de renseignements utiles, les horaires et tarifs et les différentes indications relatives à ces deux compagnies.

Au reste, le voyage par mer, à travers le splendide golfe de Siam, est un trajet incomparable qui ne ressemble à aucune autre traversée.

En effet, jamais de gros temps sur ce golfe, les passagers auront donc toujours l'illusion de voguer sur un vaste lac plutôt que sur une mer. Ajoutons que le voyage de Bangkok à Réam, outre qu'il est peu coûteux est très court : quelques heures seulement, séparent Réam de Bangkok.

Dès à présent, le port de Réam est aménagé de façon à ce que les touristes puissent y débarquer facilement et puissent y faire mettre rapidement à terre les véhicules automobiles qu'ils peuvent avoir amenés.

Un appontement provisoire, mais suffisamment confortable, permet un accostage rapide, et d'autre part, une piste automobilable a été tracée à partir de cet appontement afin de gagner la route immédiatement. De la sorte, un passager qui arrive à Réam peut, en un temps extrêmement court, être en possession de son auto et reprendre la route aussitôt.

Un bureau de postes télégraphes est installé à Réam.

Un service d'automobiles postaux, transportant également des voyageurs, dessert ce port, à chaque passage du vapeur « Maurice Long », qui assure actuellement, les relations maritimes entre Saigon et Bangkok.

Etant donné la distance relativement faible qui sépare le nouveau port de Réam, ainsi que la station du Bo'kor, de la capitale siamoise, ces innovations sont d'un grand intérêt, pour le commerce comme pour le tourisme.

En ce qui concerne les voyageurs qui débarquent à Réam avec leur voiture automobile, des facilités spéciales leur sont données par le service des Douanes de l'Indochine. Sous réserve de les réexporter dans le délai d'un an, ces voitures sont admises en franchise au moyen d'un certificat consulaire (voir notre index de renseignements utiles).

D'autre part, les touristes qui, par suite de différentes circonstances, n'auraient pu être en possession du certificat précité, peuvent faire entrer leurs automobiles en franchise ainsi, du reste, que leurs armes de chasse, par le moyen d'un cautionnement fourni par la Banque de l'Indochine, ou par une Banque étrangère (voir index de renseignements). Dans ce cas, il appartient à ces banques, avant l'arrivée des voyageurs au Cambodge, de faire accomplir en Douane la formalité de la caution, soit par leurs succursales à Saigon, soit même par l'intermédiaire du Directeur de l'agence de la Banque de l'Indochine à Phnom-Penh, qui est tout disposé à prêter ses bons offices en la circonstance.

Il est à noter, d'autre part, que dans quelques semaines, un bungalow va être ouvert aux passagers afin de leur permettre de trouver, à Réam, dès leur arrivée sur la terre cambodgienne, accueil hospitalier et repos confortable. Nous ne doutons par d'ailleurs que le séjour même de Réam ne tente les touristes, tant est agréable le paysage de ce port magnifique et si plein d'avenir.

Réam : L'appontement où viennent mouiller les navires de la ligne Bangkok-Saigon (Affréteurs Indochinois)

La plage de Réam, est, en effet, surperbe. Une grève de sable fin bordée de gigantesques filaos, les plus beaux parmi les arbres de cette espèce que l'on puisse voir en Indochine, tentera certainement les baigneurs. Il est à noter toutefois que cette grève descend en pente assez rapide. C'est d'ailleurs une particularité du Port de Réam, puisque à l'endroit de l'appontement, à quelques mètres du rivage, se trouve déjà une profondeur suffisante pour que de très gros bateaux puissent accoster.

Ces réserves faites, il est certain que pour des voyageurs, les eaux calmes et limpides de la plage de Réam peuvent être fort agréables. Au reste, le paysage que l'on découvre de la plage est superbe. Sur une mer d'un bleu idéal émergent çà et là toute une série d'îlots qui font songer à quelque lac de la Suisse italienne. Toute cette plage est, d'autre part, adossée à une colline assez haute où le gibier abonde et où les amateurs de chasse trouveront à faire de fructueuses randonnées.

Le seul inconvénient de Réam, c'est que l'approvisionnement en eau est peu aisé jusqu'ici. Néanmoins, des travaux importants seront faits pour remédier à cet inconvénient. Nul doute qu'aménagé suivant les plans actuels, Réam ne devienne dans un avenir très prochain un port très important et un centre touristique très apprécié. De Réam, une bonne route conduit en trois heures les touristes jusqu'à la bifurcation qui, à 8 kms. de Kampot, monte vers le plateau de l'Éléphant. Il faut noter, toutefois, que si le pays de Réam est vraiment très beau et digne de tenter les amateurs de pittoresque, en revanche, la route qui traverse le pays de Vial-rinh, pays très fertile, mais paysage de rizières assez banal, ne présente pas grand intérêt pour l'excursionniste.

Néanmoins, bien avant Kompong Smach, la nudité de la plaine sera rompue par la brusque apparition du haut massif de l'Éléphant à l'un des sommets duquel se profile à 1.000 m. d'altitude le Bo'kor Palace, que l'on aperçoit à plus d'une vingtaine de kilomètres avant la montée.

L'heure la plus agréable pour se rendre de Réam à Bo'kor est le matin de bonne heure, ou le soir avant le coucher du soleil. En partant de Réam, après le sieste par exemple, les touristes éviteront la grosse chaleur de la plaine et arriveront au Bo'kor pour la nuit.

2° *En venant de Cochinchine.*— Deux routes s'offrent aux touristes, celle de Pnompenh et celle de l'Ouest cochinchinois par Longxuyên, et Takéo-Chaudoc. Les deux routes sont à peu près d'égale longueur (450 Km.). Nous conseillons donc aux touristes qui viennent au Bo'kor pour la première fois et ne connaissent pas encore l'Indochine, de passer à l'aller par Pnompenh et de revenir **du** Bo'kor par l'ouest et vice-versa. Jusqu'ici, la route la plus frayée est évidemment celle de Saigon-Pnompenh et de Pnompenh-Kampot. Nous donnons ci-dessous la description de cette route ainsi que celle de l'ouest.

a) Route de Saigon-Pnompenh. — Après avoir traversé pendant une cinquantaine de kilomètres la banlieue de Saigon, très caractéristique avec ses rizières, ses haies de bambous et ses nombreux arbres fruitiers, on arrive à Trangbang où une route à gauche mène le voyageur au retour de Pnompenh jusqu'à Godauha (1). A Godauha, il s'agit de passer le Vaï-Co et l'on emprunte à cet effet un bac à rames (10 minutes de traversée). Après le passage du Vaï-Co le paysage change complètement d'aspect.

En effet, on arrive dans l'immense plaine des joncs que traverse la route de Pnompenh et alors, c'est une sorte de désert qui s'étend jusqu'au Mékong pendant une durée de près de 90 kilomètres, route nue, très peu d'arbres, sauf, çà et là, en approchant de Soairieng quelques palmiers à sucre, arbre nouveau pour le touriste qui ne connaît pas encore

Réam : Les filaos de la Plage

les pays cambodgiens, arbre qui caractérise assez bien le Cambodge.

Chose curieuse, en effet, le palmier à sucre ne se rencontre guère que passé les frontières cambodgiennes. On se demande pourquoi, malgré les similitudes de pays, il est si peu répandu en Cochinchine. Pendant plusieurs heures, ce sera donc une traversée de plaine fort inhospitalière et désagréable. Seul l'arrêt à Soairieng où se trouve un bungalow modeste, mais confortable, tenu par un Européen rompra la

(1) Un autre itinéraire possible par Tâyninh-Soairieng : la route est plus longue mais beaucoup plus pittoresque. Tâyninh est un centre pourvu d'un bon " Bungalow Hôtel " à côté de Tâyninh se dresse le nui Baden (1000m. d'altitude): ascension intéressante, pagodes très curieuses.

monotonie de la route, laquelle reprendra ensuite jusqu'au Bac du Mékong (Banam). Cette fois, ce n'est plus un bac modeste comme celui du Vaï-Co, mais un bac à moteur qu'il faut emprunter. Pour qui vient d'Europe et n'est point encore familiarisé avec les paysages d'Extrême-Asie, la traversée du Mékong à Banam est quelque chose de prodigieux.

On éprouve là, pour la première fois, l'impression de puissance de ce fleuve contre le courant duquel, pendant plus d'un quart d'heure, lutte le bac (d'ailleurs fort bien aménagé). Après cette traversée, le paysage va de nouveau changer complètement pour la troisième fois.

Cette fois, ce ne sera plus le verger de Cochinchine ni le désert de la plaine des Joncs, mais un véritable jardin édénique, très cambodgien celui-là où vont commencer d'apparaître de plus en plus parfaitement les gens et choses du Cambodge. Bosquets d'arbres touffus où émergent de très nombreux lataniers, marécages où pointent les jacinthes d'eau avec des tons mauves très doux et, à l'abri de quelques très vieux arbres, les premières pagodes cambodgiennes avec leurs toits hardis, à extrémités recourbées en forme de queue de « naga ». Sur la route, de nombreux troupeaux, des passants dont le costume diffère beaucoup de celui des Cochinchinois. Les cambodgiens, bruns, de taille assez haute, sont vêtus de couleurs vives et, en particulier, du sampot qui caractérise essentiellement le costume du pays. Et, nombreux, tranquilles et méthodiques, des bouzes au costume jaune safran, porteurs d'ombrelles, porteurs d'offrandes, s'en vont le long de la route et donnent à l'ensemble du paysage une note tout à fait particulière.

On arrive ensuite au 3ᵉ bac tout proche de Pnom-Penh celui-là. C'est une traversée de quelques minutes sur le Tong Lé Sap. Après quoi en quelques minutes on se trouve aux portes de Pnom-Penh.

Pnom-Penh, la ville aux cent pagodes, mérite de retenir l'attention des touristes. Si le Musée Albert Sarraut intéresse surtout l'archéologue par ses collections de statues et de bas-reliefs, il n'est pas une déception pour ce voyageur qui peut admirer des collections inestimables de vieux bijoux et d'antiques sampots. Au Palais Royal, la pagode d'argent étonnera le visiteur par la valeur des richesses qu'elle contient.

Les environs de Pnom-Penh ne sont pas moins intéressants que la capitale. A signaler : Oudong, collines où s'élevait l'ancienne ville royale et où se trouvent encore, admirablement conservés et dominant toute la plaine, des monuments funéraires contenant les cendres des membres de la famille royale et des pagodes aux Bouddhas gigantesques.

Mais arrêton là notre description, car Pnom-Penh mériterait un guide tout à fait à part, étant donné que par ses pagodes, par ses jardins, par l'évocation d'une antiquité très mystérieuse, par ses écoles d'art enfin, la ville vaut une visite de plusieurs jours.

Reprenons donc la description de la route à partir de P. Penh jusqu'à Kampot, route excellente, très large, très confortable, très droite où l'on peut par conséquent aller, assez rapidement, sauf à l'heure de la rentrée des troupeaux, où il faut se méfier des bœufs errants.

C'est d'abord la traversée d'une plaine très fertile, paysage de rizière dominé toujours par l'éternel latanier ; puis, l'arrivée dans un pays plus boisé, moins cultivé après Bâti et surtout après Antassom.

Après Antassom, centre où se trouve un poste téléphonique, un poste de gendarmerie et quelques commerçants indigènes, où l'on peut trouver quelques produits locaux, l'on arrive à la bifurcation de Takéo-Hatien que l'on laissera sur la gauche. La route de Kampot s'enfonce alors dans une forêt très belle en certains endroits et agrémentée de nombreuses collines dont quelques-unes affectent une forme extrêmement étrange.

Sur la gauche en effet, paraît bientôt une série de monticules tourmentés, déchiquetés et couverts d'une forêt épaisse. Ce sont des collines calcaires dans lesquelles se trouvent des grottes très curieuses. Le touriste pourra s'arrêter au kilomètre 135 de Pnom-Penh et prendre sur la gauche une petite

Un bel arbre du Cambodge : le palmier à sucre
(Borassus flabelliformis)

route automobilables qui, en quelques minutes, le conduira jusqu'au pied d'une de ces collines où se trouvent de nombreuses grottes.

Il est important de se munir pour cette visite d'une torche indigène et de quelques bougies, car ces grottes sont très profondes et obscures. Le seul inconvénient qu'on puisse y rencontrer, ce sont de nombreuses chauve-souris qui s'enfuieront à l'approche de la lumière.

Ces grottes présentent tous les caractères des cavernes calcaires naturelles et on admirera de très belles stalactites.

De retour sur la route, on sera en peu de temps à Kampot, centre européen assez important sur le bord du fleuve Kampot.

b) Accès par l'ouest de la Cochinchine (Saigon Chaudoc-Hatien. — C'est une route qui est praticable depuis peu et qui est à peu près aussi longue que la route par Pnom-Penh (1). Aussi, cet itinéraire pourra-t-il constituer un circuit soit d'aller, soit de retour. Ainsi que nous l'avons dit, les touristes pourraient se rendre au Bo'kor à l'aller par Pnom-Penh, et revenir par l'ouest cochinchinois ou vice-versa. Dès à présent, on peut de Saigon gagner Chaudoc par les bateaux des Messageries Fluviales et de Chaudoc, se rendre en auto à Hatien-Kep Bo'kor (bonnes routes, services d'autos publics).

En réalité, la plus belle route possible par l'ouest, celle qui passerait par Honchong et Rachgia est malheureusement encore impraticable, les travaux d'art

Un pagode cambodgienne

Pour s'orienter dans Kampot, voici quelques indications sommaires. Le bungalow se trouve près du fleuve, juste en face le grand pont de ciment armé à courbes élégantes. La poste est située également sur le quai, mais entre le pont de ciment armé et l'ancien pont de bois qui relie Kampot à un village indigène. Au bungalow de Kampot, les touristes trouveront un accueil très confortable et une nourriture excellente. Au reste, le séjour de Kampot est fort agréable. La ville est très ventilée, assez fraîche, soit que le vent vienne de la mer, soit qu'au contraire il vienne de l'autre côté et descende des hauteurs du massif de l'Éléphant.

Kampot est sous ce rapport un pays privilégié et de température plus agréable que n'importe quel autre point du Cambodge, sauf le Bo'kor bien entendu.

de la route de Honchong à Rachgia n'étant pas encore achevés. La route possible par l'ouest est celle qui va de Longxuyèn à Chaudoc, par Triton et de là à Hatien, Kep, Kampo.

Au reste, cette route par l'ouest n'a pas la même monotonie que celle de Soairieng et les visiteurs de l'Indochine auront l'avantage de pouvoir admirer au passage, au cours d'immenses étendues, la merveilleuse fertilité de l'ouest cochinchinois. Ils feront connaissance avec les véritables paysages de rizières, ils contempleront ainsi tous les aspects de la plus belle région agricole de l'Indochine.

---

(1) A l'heure actuelle un bac provisoire assez difficile à aborder est le seul ennui de cette route.

Ajoutons que la route de Saigon à Longxuyên par Mytho, Vinhlong, Cantho, est une route superbe où l'on peut aller vite et qui représente certainement la route la plus large et la mieux tenue de l'Indochine.

A partir de Cantho, la route se resserre un peu, mais est fort agréable étant un peu plus accidentée que dans la région précédente.

Après Triton, le paysage devient tout à fait remarquable, surtout au moment de l'arrivée vers Hatien, dernier centre de la Cochinchine, un peu perdu sur les confins du Cambodge, bien que ce poste présente aux touristes de merveilleux attraits.

La baie d'Hatien, en effet, avec sa multitude d'îlots épars de l'archipel des Pirates, présente de merveilleux panoramas. Du bungalow situé sur une colline qui domine le poste, on découvre toute la baie avec ses alentours de verdure et les collines qui lui font une si élégante couronne.

A noter que Hatien est le pays par excellence de l'écaille ; de nombreux artisans y travaillent la précieuse matière si recherchée en Europe et en font des objets souvent fort élégants qui seront pour les touristes des souvenirs précieux.

De Hatien à Kep, le paysage présente une assez grande

Environs de Kampot : l'entrée des cavernes de Khbal-Roméas

Kampot : le pont sur le Kam-Tiay (Boy-Fermé, constructeurs)

diversité ; après la traversée d'une plaine verdoyante où la prairie et la forêt clairière alternent avec la rizière, on trouve à la sortie de Hatien, sur le chemin à droite, une colline tout à fait bizarre et que les habitants de la région ont surnommée « le bonnet à poils », étant donné que sa forme présente assez d'analogie avec le fameux couvre-chef des gardes impériaux.

La visite du Bonnet à Poils est assez curieuse, des Annamites ont construit à l'intérieur de la colline — car cette colline n'est guère qu'un immense rocher calcaire creusé de la manière la plus imprévue par le travail des eaux, - ils ont, disons-nous, aménagé dans cet ensemble de grottes une pagode dont l'installation paraît remonter à Minh-Mang. Il paraît d'ailleurs que les brevets royaux instituant un culte au génie de cette montagne, se trouvent encore à Hatien ainsi que certains recueils de prières spéciales usitées dans cette pagode, les bonzes fort accueillants feront visiter aux voyageurs des anfractuosités de la montagne tout à fait curieuses.

Tout en haut du Bonnet à Poils émerge un long bâton qu'un des premiers bonzes de la pagode fit le vœu, dit-on, dans sa vieillesse, de monter tout en haut de l'immense rocher.

Kampot : L'Hôtel-Bungalow

flanc de cette colline toute une série de villas, dont le bungalow, d'aménagement confortable, est tout à fait recommandé aux amateurs d'excellent poiss on.

Ajoutons que le bungalow est tenu par la Société des Grands Hôtels et que c'est mieux qu'un bungalow, un hôtel familial tout à fait confortable où les touristes charmés des beautés de Kep pourront facilement prolonger leur séjour.

Entre Kep et Kampot, la route est bordée de nombreuses plantations de poivriers (dont les feuilles ressemblent beaucoup à celles du bétel, mais sont d'un vert foncé et croissent avec plus de vigueur) et par de nombreux vergers qui font de toute cette partie du Cambodge un véritable Eden.

La monotone rizière a fait place ici à une sorte de parc continu dont les ombrages frais et reposants, les élégants bouquets de lataniers et tout un ensemble de grands arbres nouveaux pour les yeux des voyageurs habitués aux paysages de la Cochinchine, constituent un spectacle dont on ne se lasse pas.

Il mit une journée entière à accomplir le périlleux pèlerinage, mais le bâton tient encore, en dépit de l'injure des eaux et du temps.

Toujours sur la droite, le long de la route qui mène à Kep, les touristes rencontreront une autre colline, calcaire également, comme la plupart des monticules de cette contrée et taillée en forme bizarre, découpée et boisée.

Une belle plage ombragée : Kep

A droite de la route de Kep à Kampot, au kilomètre 14 de Kampot, se trouve la bifurcation d'une petite route parallèle à la grande route et qui conduit, en 1 km. à peine,

Mais le site le plus délicieux qui mérite mieux qu'un simple coup d'œil, et vant un séjour d'une journée, voir même de plusieurs jours, c'est la charmante plage de Kep, qui, avons-nous dit déjà, rappelle, à s'y méprendre, les paysages de la Riviera Italienne, tandis que par son golfe semé d'ilots aux formes étranges, elle évoque d'autre part les nuances de certains paysages d'estampes japonaises.

Kep est une plage très agréable et fréquentée. C'est au bord d'une mer toujours calme et qui ressemble plutôt à un lac, une grève de sable fin sur les bords de laquelle croissent des prairies verdoyantes et des arbres : palmiers, filaos dont l'ombre est tout à fait agréable.

Une colline de 250 mètres environ couverte d'une végétation luxuriante domine tout cela et au

Bo'kor : Villa du Résident supérieur

aux grottes de Khabal-Roméas. Ces grottes dont les quelques habitants, extracteurs de calcaires, feront visier les différentes curiosités, sont un des phénomènes naturels les plus bizarres de cette région. Plus importantes que les grottes du Bonnet à Poil, c'est une série d'immenses couloirs taillés dans les anfractuosités d'un énorme bloc calcaire. On a l'impression de longer une série de décors de théâtre tant les lianes et les stalactites qui ornent tout cet ensemble de couloirs donnent un aspect fantassique à ces cavernes.

Il faut, naturellement, pour les visiter, se munir de torches indigènes. Avertissons aussi le touriste que pour visiter les grottes, il faut se livrer à une gymnastique fort compliquée, passer dans des anfractuosités très étroites ou se glisser parfois sous des blocs où il est très difficile de passer. Néanmoins, les visiteurs auront une des impressions les plus curieuses qui soient, et ces grottes, ainsi que celles déjà signalées du kilomètre 135 sur la route de Kampot à Pnom-Penh, méritent une visite d'une demi-journée. Quelques kilomètres après ces grottes, on arrive à Kampot que nous avons eu déjà l'occasion de décrire dans l'itinéraire précédent.

VI. — La montée du Bo'kor

Le plateau boisé du Bo'kor vu d'une des pergolas du Palace

Entre Kampot et le Bo'kor, le paysage va changer encore une fois : après la traversée du pont de ciment armé, œuvre des établissements Boy-Fermé de Saigon, la route s'engage à travers une plaine de rizières pendant quelques kilomètres, puis brusquement, s'ouvre une bifurcation à main droite et la montée du massif commence.

En effet, après deux kilomètres de montée en pente douce, la route s'incurve et commence la série de ses lacets pour l'ascension du massif de l'Eléphant. La forêt qui entoure la montagne et à travers laquelle passe la route est une merveilleuse sylve de hautes futaies où les voyageurs pourront contempler de magnifiques fougères arborescentes et les essences les plus belles de la forêt cambodgienne.

Pendant près d'une dizaine de kilomètres de montée, la route domine tout le pays de Kampot et les perspectives du Golfe du Siam et s'adosse de l'autre côté à des roches rougeâtres qui rappellent un peu les pierres dites de Bienhoà.

Puis, assez rapidement, vers le km. 14, l'aspect des roches change et la végétation commence à se

Bo'kor : Le lac (Réserve)

modifier. C'est le grès qui apparait, ce grès dont on trouvera des masses énormes et si bizarres dans toutes les promenades aux environs du Bo'kor. D'ailleurs, à partir d'alors, la montée devient quelque chose de prodigieux comme spectacle : un paysage incomparable s'étend devant les voyageurs étonnés, parmi les masses de verdure qui déferlent vers la plaine et vers la mer.

Au kilomètre 22 de la montée, on se trouve avoir fait, malgré qu'il reste à parcourir encore 10 km. la plus difficile partie de l'ascension. Ce km. 22 mérite d'ailleurs un arrêt, car le site Albert Sarraut

La montée du Bo'kor : au km. 14

qui se trouve en bordure de ce kilomètre 22, offre un paysage de grand style où le voyageur aura la première véritable impression des paysages du Bo'kor.

Après le km 22, la route va monter plus droite et va diminuer le nombre de ses lacets. On constate alors que la flore a complètement changé et l'on s'étonne de trouver là un ensemble de sous-bois, une végétation qui rappelle étrangement celle des forêts de France : bois accueillants, avec des prairies et d'épais tapis de mousse, sources que l'on entend murmurer le long de la route, échappées à travers les bois de pins, vers les perspectives de la mer.

Bientôt au km. 29, on laisse sur la droite la route de Popokvil que le voyageur retrouvera plus tard pour de belles excursions. Au km 30, on dépasse à gauche la route du Val d'Emeraude et on continue tout droit jusqu'au Bo'kor. Au km. 33, se dresse sur un plateau où l'air se fait plus vif où les arbres sont un peu moins hauts les premières habitations du centre du Bo'kor.

A main gauche, l'Hôtel Beau-Site avec ses chalets de bois, à droite, la villa de l'Evêché et la chapelle modeste qui lui est adjointe. Plus haut, sur la droite, le site François Baudouin qui domine la villa du Résident supérieur.

Sur la gauche, miroite le petit lac de la Réserve dans un vallon boisé et enfin à l'extrémité de la falaise et, comme au sommet de tout ce paysage du plateau, la stature imposante du Bo'kor-Palace devant lequel se termine la route.

Le Bo'kor abonde en curieux blocs de grès — masses parfois énormes, bizarrement découpées — qui donnent aux paysages du Massif de l'Éléphant une note pittoresque très originale. En voici un qui domine le Val d'Emeraude, près de la Station d'Agriculture.

LES SITES DU BO'KOR

Un autre rocher de grès proche
du Val-d'Emeraude et que les
pluies ont travaillé non plus en
hauteur comme le précédent, mais
en largeur, de façon à lui donner la
forme d'un immense champignon.

Photo M. D.   Laurent, graveur

LES SITES DU BO'KOR

« Ploumana », curieux groupe
de rochers à 200 mètres du Palace.

Photo M. D.   Laurent, graveur

Voici deux des plus singuliers rochers du Bo'kor, tout près d'ailleurs du Mont Bo'kor lui-même (1.067 m. d'altitude). En haut, à gauche, la « Tête d'Hindou », coiffée du turban, encore une singularité du travail des pluies et du temps et, à droite, un rocher en équilibre qui domine de son impressionnant promontoire un gouffre de plus de mille mètres de profondeur.

VII. — Choses et aspects du pays de Bo'kor

Ainsi que nous l'avons dit, la végétation du Bo'kor rappelle étrangement, par ses tonalités et sa taille, celle du Midi de la France et, en particulier, des Alpes Maritimes.

Mais ce dont nous parlons ici, c'est bien entendu de la végétation du plateau lui-même, car les flancs du massif de l'Eléphant présentent plusieurs zones de végétation bien distinctes. De la cote 500 jusqu'à la mer s'étend une prodigieuse forêt tropicale aux arbres énormes et assez analogues à ceux que l'on trouve dans la plupart des grandes forêts du sud indochinois.

A partir de la cote 500, la végétation va se modifier et présenter un compromis assez curieux entre la végétation tropicale proprement dite et la végétation des pays tempérés. C'est ainsi que le pin commence à apparaître et, chose assez curieuse, vois ne avec le bambou et les fougères arborescentes. Un peu plus haut, à partir du Km 22, sur le plateau lui-même par conséquent, c'est la végétation des pays tempérés qui l'emporte et, à part quelques plantes tout à fait spéciales, l'on y voit un grand nombre d'arbres à feuilles caduques des régions tempérées.

Parmi les plantes spéciales, à noter les aréquiers sauvages ou, plus exactement « faux aréquiers noirs », plante grêle qui n'atteint pas tout à fait la taille d'un aréquier ordinaire, mais dont le feuillage rappelle tout à fait, à

Le « Nepenthès », une des plantes les plus étranges dans le prodigieux monde végétal d'Extrême-Asie. Les bizarres fleurs à opercules soulevés que l'on voit ci-dessus et qui, en fait, ne sont point des fleurs, mais simplement une monstruosité, une déformation de la feuille, constituent des pièges pour les petits insectes qui entrent dans l'étui trompeur et visqueux et ne peuvent plus en sortir. Au reste, le « Nepenthès » de l'espèce photographiée ici est une fort belle plante, dont les terminaisons foliaires en forme de fleurs, sont d'un joli vert jaune tacheté de rose, avec l'opercule bordé de vif vermillon. Cette plante abonde au Bo'kor.

Le « Sabot de Vénus » (Cypripedium)

part le tronc qui est noir, l'aspect de la plante bien connue des plaines indochinoises.

Une autre plante très caractéristique du Bo'kor c'est le népenthès, dont un très grand nombre de variétés. C'est avec les Dionées et les Drosères, une des plantes carnivores les plus curieuses. La feuille verte d'un côté, rougeâtre de l'autre, chez certaines espèces se retourne à son extrémité en une sorte d'inflorescence très curieuse, sorte de grand cornet couvert par un opercule, cornet de teinte très différente de la feuille, d'un jaune verdâtre et bordé par un liseré de vif vermillon.

Une des multiples espèces d'orchidées du Bo'kor

Dans cet énorme cornet (certaines plantes atteignent parfois plus d'un mètre et ont alors des cornets qui dépassent 25 centimètres de taille), un très grand nombre de petits insectes, attirés sans doute par les sucs de la plante, viennent se loger. Ils pas-

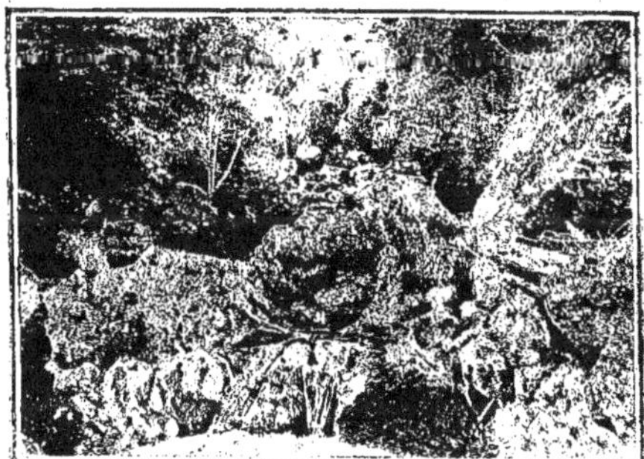

Bo'kor : Entassement de blocs rocheux (lit de la rivière de Popokvil)

sent sous l'opercule entre-bâillé, mais sont retenus aux parois internes par une sorte de suc visqueux. Aussi trouve-t-on toujours dans les cornets des népenthès un certain nombre de petits moucherons. Les autres plantes carnivores citées plus haut, telles que les Dionées et les Drosères, existent également au Bo'kor, un très grand nombre de ces dernières, sur-

tout dans la région de Popokvil. Mais, incontestablement, c'est le népenthès qui donne une note particulière de végétation au plateau du Bo'kor. Il y en a des champs entiers et dans les sous-bois, partout, on en trouve des quantités prodigieuses.

Chose curieuse à noter, c'est l'absence presque complète de fourmis et d'insectes sur le plateau du Bo'kor.

En tous cas, le voyageur habitué aux pays tropicaux, et que retient de s'allonger sur la mousse la peur des terribles fourmis rouges, pourra faire sans crainte la sieste sous bois au Bo'kor. Aucun insecte venimeux, aucune fourmi, seuls, quelques petits serpents, parmi lesquels, jusqu'à présent, on n'a point noté d'espèces venimeuses.

Comme insectes, seuls, des mouches et des abeilles, des papillons dont des représentants merveilleux comme couleurs. Point de sangsues, si ce n'est dans quelques dépressions humides du plateau, en saison des pluies.

Pour en revenir à la végétation du Bo'kor, les conifères, parmi lesquels le pin représente un des éléments les plus importants. Les botanistes pourront faire à ce sujet mainte remarque intéressante. C'est ainsi que pour ce qui est de l'espèce de pin la plus fréquente au Bo'kor, ils remarqueront, comme d'ailleurs les non botanistes, tant la chose est frappante, — une particularité de feuillage de cet arbre. Sur un très grand nombre d'espèces, il existe deux sortes d'aiguilles très différentes. On dirait que le même arbre produit deux sortes de feuilles.

A terre, beaucoup de gazon, des fougères comme celles de France, de la bruyère, le sol étant sablonneux.

Très peu de bambous, seuls, quelques rotins épineux rappellent la végétation tropicale, entr'autres une sorte d'arbuste à feuilles épineuses, en forme de sabre, appelé par les Cambodgiens " romthiek ".

Très peu de hautes futaies : les arbres du plateau, bien qu'ils donnent une ombre suffisante aux sentiers et fournissent une ombre fraîche, même aux heures les plus tièdes du jour, n'ont point la taille prodigieuse des arbres de la plaine chaude. Beaucoup de mousses, très belles, et des orchidées dont le nombre et la richesse extraordinaire ne seront pas un moindre charme du paysage, de surtout vers les mois de mars et d'avril, époque de leur floraison.

Bo'kor : Postes, télégraphes, téléphone

On découvre alors sur les troncs d'arbres, sur les mousses, un peu partout, de merveilleux exemplaires d'orchidées et, en particulier, cette fleur absolument délicieuse : le « Sabot de Vénus » plante si appréciée en France, mais qui est, là-bas, d'un luxe si coûteux.

Comme animaux sauvages, il n'y a pas à redouter de tigre. L'on n'en rencontre plus sur le plateau. Il ne saurait guère en venir qu'à la saison des pluies, lorsque les chevreuils et autres gibiers habituels se réfugient sur le plateau.

On peut donc sortir sans arme ; toutefois, il importe de faire remarquer que dans les régions qui entourent Popokvil, et en particulier, dans les endroits non frayés des promeneurs, on peut rencontrer parfois des troupeaux d'éléphants sauvages. Les chevreuils et les cerfs sont assez abondants ; une certaine espèce de gibbon se rencontre en quantité, surtout dans les vallonnements et vers les falaises qui dominent le golfe et où l'on entend leur cri monter de la vallée.

Peu d'oiseaux, sinon quelques aigles et autres oiseaux d'altitude. Dans les sous-bois, on entend très souvent une sorte de chant qui semble un cri d'oiseau, mais qui est, en réalité, le cri à plusieurs notes et très curieux d'une très jolie espèce d'écureuil rouge.

VIII. — Excursions à faire en auto

Deux groupes principaux de promenades dont l'une mérite d'être faite souvent, s'offrent, dès à présent, aux excursionnistes du Bo'kor. D'ici peu, d'ailleurs, plusieurs routes dont le tracé est déjà préparé, permettront d'adjoindre à ces deux promenades deux autres circuits de tour d'inspection, qui, avec les promenades actuelles, constitueront *sur le plateau même du Bo'kor un réseau routier de plus de 100 kilomètres.*

Premier groupe de promenades : Popokvil.

Pour se rendre à Popokvil en auto, redescendre jusqu'au km. 29 la montée de la route que l'on a gravie pour se rendre au Bo'kor. Au Km. 29, un écriteau à gauche indique la bifurcation de la route, sinueuse et extrêmement accidentée, qui mène aux chutes de la rivière de Popokvil. Cette route descend après une série de lacets, d'où l'on découvre des sous-bois pittoresques, jusque dans une vallée où l'on traverse une première fois un coude de la rivière. A noter, avant d'arriver au pont qui traverse la rivière, à droite et à gauche de la route, en face l'un de l'autre, deux rochers dont la forme est aisément reconnaissable : le marteau et l'enclume, que nos lecteurs verront dans les gravures de ce guide.

Un très grand nombre de rochers de forme très diverse bordent cette route comme les autres routes du Bo'kor.

Après la traversée de la plaine, la route remonte une première fois, mais plus légèrement, pour redescendre encore dans une autre vallée où se trouvent les vestiges d'un jardin d'essai dont le projet a été abandonné aujourd'hui. Après quoi la route remonte en une série de lacets à peu près parallèles à ceux de la première descente et on ne tarde pas à entendre le grondement, significatif, aux hautes et moyennes eaux, de la rivière et des chutes de Popokvil.

En effet, à peine a-t-on franchi un pont très pittoresque sur le second coude de la rivière qu'on arrive à une sorte de clairière où se termine actuel-lement la route et d'où l'on aperçoit les chutes magnifiques et le site absolument enchanteur de la cascade.

Popokvil (en cambodgien : le lieu des nuages qui tournent) a retenu tout d'abord l'attention des premiers colonisateurs du Bo'kor. C'était à cet endroit que les premiers projets avaient prévu l'édification d'une station d'altitude. On voit encore, auprès d'un kiosque abandonné, un certain nombre de vestiges des maisons d'habitation des premiers colons. Mieux encore, on trouve à Popokvil, tout le long de la merveilleuse cascade, de très nombreux champs de framboises de la Réunion, dont les premiers plants, apportés par un des premiers habitants de Papokvil, se sont fort bien multipliés dans ce climat qui paraît leur convenir parfaitement. Les framboises de la Réunion ressemblent assez à des fraises, elles ont un parfum très agréable et seront un véritable régal en toute saison pour les touristes.

Mais ne nous attardons pas à la description de la clairière de Popokvil et descendons par le petit sentier très accidenté qui, à gauche, conduit à la première cascade et, à droite, à la deuxième. Cela commence à être du véritable tourisme de montagne et la descente n'est pas extrêmement facile, mais combien les voyageurs seront récompensés quand, après quelque gymnastique, agréable malgré tout, sous ce climat frais, ils parviendront aux eaux jaillissantes de la première et de la deuxième cascade. Ces deux cascades représentent une sorte de dou-ble et immense faille qui fait tomber les eaux de la rivière de Popokvil d'abord d'une quinzaine puis d'une vingtaine de mètres, formant ainsi une cascade à deux gradins de plus de 35 mètres de hauteur.

La première cascade est, à la saison des pluies, d'accès difficile, étant donné la force des eaux. Chose curieuse néanmoins, ces eaux, au lieu de se précipiter du haut du seuil de la rivière, sourdent d'entre les énormes blocs de grès et tombent en une série

Bo'kor : La roche dite « le bénitier »

de nappes successives dans le premier lit de la cascade. Après quoi, de nouveau, les eaux, rassemblées en masse, tombent cette fois d'un seul élan pour former la deuxième cascade, de beaucoup la plus à pic. En saison des pluies, le spectacle est vraiment merveilleux, mais pour ceux qui, moins favorisés parviendraient à Popokvil qu'aux moyennes eaux, voire en saison sèche, le spectacle sera tout de même fort curieux du mécanisme, si l'on peut dire, de cette cascade, dont ils apercevront mieux la double étape.

Ajoutons aussi qu'en saison des moyennes eaux, ils pourront, d'autre part, contempler les très curieuses et immenses « marmites de géants », excavations formées par l'usure des gros blocs de grès entraînés par le courant. Ces marmites de géants font naître des tourbillons tout à fait curieux et très caractéristiques des torrents à lit gréseux ; d'autre part, à la deuxième cascade, également aux moyennes eaux, les touristes pourront pénétrer dans une grotte qui se trouve sous les deux cascades et à laquelle les eaux jaillissantes forment comme un mouvant rideau.

Les fantastiques blocs de grès qui, éboulés de la masse, remplissent tout le lit de la rivière, émergent çà et là, colorés de teintes lie de vin ou ocre vif par toutes sortes de lichens. De chaque côté de cette curieuse rivière, une végétation extraordinaire de forêt vierge, avec les plus belles fougères arborescentes que l'on puisse contempler en Indochine.

Aux touristes que n'effraieraient pas les excursions difficiles, nous conseillons de se faire accompagner d'un guide et de visiter les autres cascades de la même rivière de Popokvil, laquelle aboutit, après une série de chutes, jusqu'au Kamtiay, où elle vient se jeter.

Au retour de Popokvil, une promenade est à faire à pied, promenade ravissante que les initiés retrouveront toujours avec plaisir. Cette promenade est celle qui est constituée par le sentier en lacets qui part du second coude de la rivière et qui va retrouver, à deux km. le premier coude traversé par la route. Un sentier a été tracé le long de la rivière, si calme avant ses chutes qu'elle paraît presque immobile. Les eaux en sont d'une coloration très particulière, à cause de la présence de Diatomées (algues microscopiques) qui lui donnent une couleur d'un rouge brunâtre. Le bord de la rivière longé par un sentier, a été aménagé avec beaucoup d'art et on peut dire que cette promenade est tout à fait l'analogue de celle que les touristes du Langbian trouveront, à Dalat, sur les bords du Camly.

Deuxième groupe de promenades : Le Robinson

Une autre promenade celle du « Robinson », au-dessus du site Albert Sarraut, est une excursion qui prendra une grande partie de la journée et qu'il est nécessaire de faire en auto, vu la distance. On redescend jusqu'au km 22 de la route de Kampot au Bo'kor, mais non sans s'arrêter auprès de plusieurs sites qui méritent une visite.

Le premier arrêt peut se faire au km. 29,150. Un sentier, sur la droite, mène par un circuit à travers différents sites rocheux, jusqu'au km 28,400 de la route. On peut donc faire arrêter l'auto à l'entrée de ce sentier au Km. 29,150 et la faire redescendre par le chauffeur jusqu'au km. 28,400 où elle attendra les touristes.

Le sentier escalade tout d'abord des collines très boisées, c'est un petit sentier ombreux et frais comme tant d'autres sentiers du Bo'kor, mais au bout de 1 km. environ, on arrive à un ensemble de roches de grès, dont les blocs bizarrement découpés affectent la forme de trois géants qui regardent vers la vallée de Popokvil. Le site domine en effet un panorama assez étendu. A cause de leur forme, d'allure très aventureuse, les trois rochers en question ont été surnommés « les trois Mousquetaires ». Ils sont côte à côte et paraissent regarder, de façon très martiale, le paysage.

Bo'kor : « Le rocher crapaud »

On redescendra, en partant, le prolongement du même sentier pour retomber vers la route où attend l'auto. Un peu plus loin, entre les km 25 et 24, sur la droite également, un groupe de rochers mérite une visite. D'ailleurs, un sentier part de ce groupe rocheux dont la masse affecte la forme de certains bénitiers d'églises de campagne. On reconnaîtra facilement ces rochers en passant sur la route. D'ailleurs, une échelle visible de ceux qui passent en auto permettra d'arrêter juste à l'endroit voulu.

Du groupe des « rochers des Bénitiers », part un sentier qui, à travers un défilé rocheux très boisé et très intéressant, mène au rocher du Tigre et à la Terrasse des Éléphants. A noter, sur la droite, des

remarquable. D'ailleurs, le site est assez impressionnant. Alentour du rocher du Tigre, se creuse un gouffre d'au moins une trentaine de mètres de profondeur, que cache de magnifiques fougères arborescentes mais qui n'en serait pas moins redoutable si l'on se laissait choir dans cette immense excavation.

C'est sur ce rocher que, lors des premières explorations du Bo'kor, des topographes et des géomètres envoyés en mission, virent un jour un tigre qui, à leur approche, ne parut nullement surpris et pendant plus d'une heure considéra les nouveaux venus sans faire un mouvement.

Bien entendu, les explorateurs, lesquels n'étaient pas armés, étaient tout disposés, dès le premier

Bo'kor : La Chimère

masses de grès où les géologues reconnaîtront le type de roches de grès botryoïdes, ce qui veut tout simplement dire, pour les non géologues : « rochers en forme de grains de raisins ». On dirait en effet que la masse rocheuse elle-même, rodée par les eaux en une multitude de petites excavations, affecte la forme d'une énorme grappe de raisins noirs.

Au reste, ce ne sont pas là les seuls rochers botryoïdes du Bo'kor. Un assez grand nombre de roches, çà et là, affectent cette forme.

On traverse, toujours par le même sentier et dans le même groupe un site assez sauvage surnommé « l'Antre des sorcières », puis, laissant sur la gauche le sentier qui mène à la Terrasse des Éléphants et que l'on reprendra plus tard, on continue tout droit jusqu'à une sorte de petit pont rustique qui mène au rocher du Tigre.

Ce rocher est tout simplement une masse de grès isolée du massif, mais autour de laquelle a poussé une végétation luxuriante qui lui constitue une parure

mouvement de l'animal, à prendre la fuite, mais le tigre, malade sans doute et d'ailleurs isolé des voyageurs par un gouffre de verdure profond et assez large (il n'y avait, naturellement, pas de pont à cette époque), parut se désintéresser de ses ennemis. Sans doute, était-ce un animal malade, -- il le paraissait d'ailleurs—qui s'était réfugié là? Mais le nom de « Rocher du Tigre » est resté au site.

Quittant le rocher du Tigre, on retrouvera, sur la droite, le sentier qui mène à la Terrasse des Éléphants, sorte de vaste clairière qui domine en falaise la vallée vers le Golfe de Siam. C'est sur cette immense chaussée que passent à des époques assez régulières les éléphants sauvages qui, suivant la coutume de ces animaux, font deux fois dans l'année leurs migrations. En effet, on peut accéder assez facilement sur le plateau par cette terrasse. Les éléphants montent donc, par les fortes chaleurs, de la vallée recouverte de forêts jusque sur le plateau, où ils viennent chercher, sans doute, la fraîcheur et les eaux vives,

Bo'kor : Rochers « Botryoïdes »

paysage vers la gauche du golfe. Remontant donc en auto, nous arrivons quelques kilomètres plus loin au site du km 22, appelé site Albert Sarraut, que nous avons eu déjà l'occasion de décrire précédemment.

Peu après ce merveilleux site Albert Sarraut qui domine de sa vaste terrasse un paysage incomparable, on voit d'abord, presque en bordure de la falaise, la villa du Résident de Kampot, puis le bâtiment des Travaux publics, enfin les pâturages qui sont destinés en saison des pluies à servir aux troupeaux du Val d'Émeraude.

Mais les voyageurs connaissant déjà le site Albert Sarraut, nous ne nous attarderons pas à le décrire et nous prendrons, juste en face de la villa du Résident de Kampot, un sentier au pied duquel d'ailleurs se trouve un écriteau et qui serpente au flanc d'une colline. On parvient par là jusqu'au Robinson, un des plus beaux sites à cause du panorama circulaire que l'on découvre de ce sommet. En effet, partout ailleurs, alors que la vue est fermée au moins d'un côté, ici on se trouve vraiment sur un pic isolé où la vue peut s'étendre tout alentour, soit vers le pays de Kampot et la plaine, soit vers le golfe, soit vers le plateau du Bo'kor, dont on discerne, dans le lointain, quelques pics bleuâtres, entre autre le Pnom-Saphir.

Auprès du site Robinson se trouvait naguère un arbre, avec une sorte de petite terrasse artificielle formant « robinson », mais cet arbre qui domine tout le paysage, a été frappé par la foudre et l'on procède actuellement à la reconstruction d'un nouveau kiosque. Il y a généralement beaucoup de brise sur le sommet du site du Robinson et le lieu offre peut-être les plus belles promenades qui puissent se faire au Bo'kor.

Le paysage découvert de la chaussée des éléphants est, d'ailleurs, tout à fait grandiose. On discerne au loin, dans le golfe, Phu-quoc, dont la forme, vue de cette terrasse, diffère totalement de l'aspect qu'on lui découvre de la terrasse de l'hôtel. On peut retrouver l'auto, soit en revenant par le même chemin, le long des rochers botryoïdes et de « l'antre des sorcières » ou par une espèce de trouée à travers la forêt, laquelle trouée revient vers la route, mais alors il faut avoir eu soin de faire descendre l'auto jusqu'à cette trouée, afin de ne pas être contraint de remonter jusqu'aux rochers des Bénitiers.

D'ailleurs, il existe encore un troisième chemin pour revenir vers la route. C'est un sentier qui serpente à travers bois et qui vient retomber à peu près 1 km 500 plus loin au minimum, où la route fait un coude assez brusque et domine, par une échappée à travers la forêt, tout le

Bo'kor : Rocher Clothilde

IX. — Promenades à faire à pied

La terrasse du Palace à l'époque de la construction (au centre : M. Le Résident Supérieur Baudoin et ses collaborateurs inspectant les travaux).

Ce qui caractérise cette magnifique station d'altitude qu'est le Plateau de l'Eléphant, c'est, nous avons eu déjà l'occasion de le dire, le nombre considérable de promenades qui peut y être fait, tant à pied qu'en automobile et qui, toutes, sont délicieuses.

En effet, pour ce qui concerne les promenades à faire à pied, lesquelles sont plus nombreuses que les promenades sur route, elles ont ceci de charmant qu'on peut sortir au Bo'kor à n'importe quelle heure et qu'il y fait toujours une température idéale.

D'autre part, même aux heures qui peuvent paraître relativement tièdes, comme toutes les promenades en question se font par des sentiers sous bois très ombreux et très frais, on peut même aller jusqu'à dire qu'il n'y a pas, pour le promeneur intrépide, de sieste à faire au Bo'kor, et l'on peut continuellement se promener sans se fatiguer.

Ajoutons que l'équitation et le cyclisme peuvent être pratiqués avec agrément au Bo'kor.

Promenades à faire à pied. —Signalons, tout d'abord, l'excursion à faire au Mont Bo'kor et à ses environs. Le Palace, en effet, n'est point bâti au point culminant du plateau ; ce point culminant, le Bo'kor, se trouve à environ 1 kilomètre de l'hôtel.

Pour s'y rendre, on peut emprunter, à droite, en sortant du Palace, la voie actuellement en construction qui conduit au Camp des Prisonniers.

Chemin faisant, les touristes pourront visiter ce camp, à peine distant de 500 mètres de l'hôtel, et qui, certainement, est une curiosité du pays du Bo'kor. Il faut songer, en effet, que toutes les routes, toutes les constructions, tous les travaux d'art qui ont été réalisés au Bo'kor, l'ont été grâce à l'emploi de la main-d'œuvre pénale.

Du Camp des Prisonniers, plusieurs sentiers sur la droite, conduisent au Bo'kor et à Bella-vista. Les plus agréables à suivre sont ceux qui longent la falaise.

D'ailleurs, il est à noter que, sans même passer par le Camp des Prisonniers, on peut facilement, en longeant la falaise qui surplombe à pic le magnifique panorama du Golfe du Siam, parvenir aux mêmes sentiers et, toujours le long de la falaise, gagner Bo'kor et Bellavista.

Après une montée assez facile et peu fatigante, le touriste arrive à une éclaircie soudaine dans la forêt, c'est le Mont Bo'kor (1067m. d'altitude), qui domine de son immense bloc de grès l'incomparable paysage.

Un kiosque rustique a été édifié au sommet même et une table d'orientation y est en ce moment dressée.

Mais les sentiers qui nous ont amenés au Mont Bo'kor continuent toujours. En suivant la

La pagode et le tombeau du Prince Monivong

Les cinq jonques

falaise, empruntons-les encore pendant 2 kilomètres et, après une promenade sous des sous-bois délicieux, nous parviendrons à Bellavista, autre point de vue bien nommé, puisqu'il permet à la fois de découvrir toute la région de Kampot, sans perdre de vue le côté opposé, celui de Vealrinh. De Bellavista, on discerne, vers le nord-est tout le pays de Kampot, Kep et l'incomparable littoral du Golfe de Siam. De l'autre côté, la pointe de Vealrinh, laquelle se prolonge jusqu'à Réam ; enfin, sur le plateau même, le regard plonge dans les frais vallons du Val d'Emeraude. Le touriste a, grâce à la promenade à Bellavista, une impression exacte sur les aspects principaux de ce pays. Rien qu'au cours de cette promenade peu

Un rocher du Val d'Emeraude

fatigante il aura eu les impressions de vertige d'un paysage de montagne avec les énormes blocs de grès dont quelques-uns, bizarrement taillés par les érosions et qui dominent, à plus de 1000 mètres, un véritable océan de forêt. D'autre part, le long du chemin, le promeneur aura pu contempler les étranges blocs gréseux de moindre importance qui agrémentent de façon si particulière les paysages du Bo'kor. Ces blocs de grès usés par le temps, le vent, et les pluies, affectent des formes souvent singulières : champignons énormes, monstres accroupis, têtes d'animaux, suspendues en équilibre et dont on se demande comment se soutient le prodigieux échafaudage.

Bo'kor : L'enclume (route de Popokvil)

doin, soit un peu plus bas, en face d'un seniter où un écriteau avec mention : les Cinq Jonques et une flèche, nous indique la direction de ce petit site forestier. Mais le plus simple est encore de gagner la Résidence supérieure par l'étroit couloir entre rochers qui surplombent la falaise, de longer un moment la villa du Résident Supérieur, puis, par le premier sentier à côté de la villa des Missions, et sur la gauche, de gagner à travers bois le site en question.

Ce site est constitué par un ensemble de blocs rocheux dominés par un arbre et qui forme en quelque sorte le pendant de Bellavista, mais de l'autre côté de l'hôtel.

Du site François Baudoin, on a l'avantage cependant de discerner beaucoup mieux tout l'ensemble du plateau du Bo'kor. En effet, si, d'un côté, le touriste retrouve le merveilleux paysage de la falaise, de l'autre, il aperçoit, au milieu des bois, seulement interrompus par le tracé blanc des routes, un petit lac qui, en un vallon, miroite au soleil et qui constitue la réserve d'eau de l'Hôtel et de la Station.

Plus proche, apparaissent, le long de la route, l'hôtel Beau Site et ses dépendances, la villa du Résident Supérieur, la Poste, l'Usine Electrique, enfin, tout l'ensemble du centre même du Bo'kor. C'est donc une promenade à faire dès le début pour qui veut reconnaître aisément par la suite les différents points du pays.

La promenade du site François Baudoin et des Cinq Jonques

De même que pour le Bo'kor et Bellavista, un très grand nombre de sentiers mènent au site François Baudoin et à celui des Cinq Jonques. On peut s'y rendre facilement par la route ; on laisse alors l'auto soit en face l'hôtel Beau Site, où des sentiers montent, à gauche de la route vers le site François Bau-

Du site François Baudouin, il est aisé de se rendre, par un petit sentier très escarpé et qui longe la falaise jusqu'aux Cinq Jonques, lesquelles sont constituées par de très curieux blocs de grès que les pluies ont séparés et lltaés tout à fait à la manière de jonques qui sortiraient des flots.

Ces Cinq Jonques, côte à côte, regardent vers la mer et paraissent tout à fait une sculpture taillée par la main de quelque artiste, alors qu'en réalité, c'est un travail de la nature opéré au cours des âges.

Un peu plus loin, toute proche, la petite pagode du Prince Monivong se dresse sur une sorte de plateforme, dominée par le Stupa du tombeau que le Prince a voulu se faire bâtir dans ce site grandiose.

Des Cinq Jonques, ceux qui ne voudront pas revenir à la route par le même chemin, pourront, en continuant le sentier et revenir vers la route par un ensemble de sites tout à fait pittoresques et très curieux, entre autres le site du Rocher Germaine ; mais comme cette promenade est assez longue et demande deux bonnes heures de marche, il est préférable de revenir doucement jusqu'à la route par un des nombreux sentiers qui descendent vers la vallée, côté Bo'kor.

Val d'Émeraude. — C'est une promenade qui peut aisément être faite à pied si on emprunte un des sentiers qui descendent jusqu'au Val. Par la route, en effet, le trajet est beaucoup plus long et demande, au moins pour le retour, un véhicule.

Au contraire, par les sentiers qui partent de l'Hôtel, du Camp des Prisonniers ou de la Poste, il n'y a guère que 1 km. 500 à 2 km. pour parvenir jusqu'au Val. Le point de repère le plus sûr pour ne pas s'égarer, bien qu'en somme ceux qui s'égareraient arriveraient fatalement à retomber soit vers la route, soit vers l'usine électrique, le plus simple, disons-nous, est de s'orienter sur la « réserve », le petit lac que nous avons

signalé plus haut et qui se trouve dans un vallon à quelque distance de l'usine électrique.

Là, un sentier tracé naguère pour faire passer la ligne téléphonique s'en va directement vers le Val d'Émeraude. En saison des pluies, il serait toutefois préférable de prendre un des sentiers parallèles à celui-ci, sur la droite.

En suivant le tracé en question, on ne tardera pas à apercevoir d'abord tout un groupe de rochers bizarrement découpés qui dominent le Val d'Émeraude. Ces rochers, ce sont tout d'abord une espèce d'énormes monolithes posés en équilibre sur une sorte de socle, puis, vers la droite, un groupe de rochers surnommés « Les Trois Bergers » parce que tout proches des bergeries du Val d'Émeraude.

Une fois ces rochers franchis, on parvient dans une sorte de petit vallon recouvert d'une prairie d'un vert éclatant et au fond de laquelle coule une petite rivière. De tous côtés, sauf à peu près 500 m. de chaque côté de cette rivière, la vallée grimpe à l'assaut des collines environnantes.

Une fois ce ruisseau franchi, on arrive, sur l'autre versant, à une série de jardins en terrasses ; ce sont les jardins agricoles du Val d'Émeraude, le bien nommé. C'est la Station d'agriculture qui fournit au centre du Bo'kor, voire même à Kampot et à Kêp, tous les légumes et tous les fruits de France. En effet, quelle ne sera pas la surprise des touristes de voir s'échelonner sur ces vastes jardins en terrasses, (dont le système d'irrigation fait le plus grand hon-

Bo'kor : Vue générale du Val d'Emeraude

Val d'Emeraude : Les Trois Bergers

Val d'Emeraude : Le kiosque de la source Marie Magdeleine

neur au chef actuel de la station), de voir s'échelonner, disons-nous, pêchers, cerisiers, pruniers, petits pois en fleurs, fraisiers, etc. C'est une surprise absolument merveilleuse pour le touriste que de pouvoir constater avec quel souci d'art a été aménagée cette station, alors que généralement l'idée de ferme ou de station agricole évoque des choses fort utiles, mais en somme d'aspect très prosaïque.

Nous nous trouvons, ici, en présence d'un véritable petit vallon suisse où les cultures les plus imprévues en Indochine poussent à merveille.

Les soucis d'irrigation, loin de nuire à l'ensemble du paysage, lui sont au contraire une parure.

Un kiosque dans la vallée, abrite une source, la source Marie Magdeleine. L'eau en est délicieuse et le débit assez considérable en toute saison pour alimenter tout le Val d'Emeraude.

Le site du Rocher Germaine. — En réalité, nous conseillons de faire cette promenade moitié à pied, moitié en auto, pour les personnes que pourrait effrayer une marche assez longue, cinq ou six kilomètres.

Le sentier conduisant au Rocher Germaine se trouve à gauche de la route de Kampot ; peu avant d'arriver à la route du Val d'Emeraude, un écriteau sur la gauche avertit d'ailleurs les touristes. Néanmoins, attention! Quelques centaines de mètres plus loin, plusieurs sentiers s'offrent aux voyageurs. Il faut laisser de côté ceux qui vont à droite et se diriger nettement vers la gauche. En effet, par la droite, on revient au site Fabre et à la route de Popokvil, tandis que par la gauche, se trouve le vrai sentier conduisant au rocher Germaine. Pendant 2 à 3 kms, un sentier que longe tantôt un ruisseau aux eaux murmurantes, tantôt des broussailles épaisses, tantôt des gros rochers de grès, mène, après un passage sous une forêt plus dense, au site appelé « rocher Germaine ».

C'est un ensemble de rochers dont les uns forment grottes, tandis que les autres masses dominent l'ensemble de la vallée. Les échelles et les bancs qui sont placés là, ainsi d'ailleurs que l'ensemble du paysage, font songer assez à la forêt de Fontainebleau, dont maint touriste se rappellera, à propos de la plupart des sites du Bo'kor.

C'est en effet le même terrain siliceux, les mêmes genres de sous-bois, et les dépressions et les érosions rocheuses qui caractérisent l'admirable forêt de la région parisienne. Au fait, n'est-ce point un des charmes de plus à ajouter au Bo'kor que cette ressemblance avec un des sites les plus universellement appréciés des touristes ?

Du rocher Germaine, on pourra revenir à la route de Kampot par le même chemin, mais il est préférable, surtout si on est parti assez tôt ou si l'on est sorti vers la fin de l'après-midi, de revenir par le site des Cinq Jonques. La pro-

La source Marie Magdeleine captée pour les besoins du Val d'Emeraude

Val d'Émeraude : La roseraie

menade est un peu longue, mais fort agréable ; les paysages sont très variés : tantôt on traverse de vastes prairies parsemées d'une multitude de népenthès, tantôt on passe dans des sous-bois très sauvages. Enfin, après un circuit assez long, trois à quatre kilomètres, on arrive en bordure de la falaise et on tourne alors vers la gauche pour retomber bientôt aux Cinq Jonques et à la Pagode du Prince Monivong.

De là, on peut revenir à pied, à droite, par le chemin déjà décrit, ou redescendre par un des sentiers de gauche qui rejoint, un peu en dessous de l'Hôtel Beau-Site, la route de Kampot.

A vrai dire, une autre promenade est encore possible dans la même région, mais celle-là, nous ne la conseillons qu'aux chasseurs ou aux touristes entraînés et que n'effraiaient pas les promenades dans la brousse.

Cette promenade consiste à suivre la falaise après le site des Cinq Jonques et vers le nord. A un certain moment, le sentier s'arrête, il faut passer à travers les herbes en suivant une ancienne foulée où jadis passait un sentier, ce qui peut se constater par les quelques ponts en ruines que l'on rencontre

Troupeaux au Val d'Émeraude

sur le chemin. Il est bon, pour faire cette promenade, de se munir de quelques porteurs et d'emmener des Cambodgiens habitués à la forêt et qui élargiront le passage au moyen du coupe-coupe.

Après une promenade de sept à huit kilomètres, dans une série de sites extrêmement sauvages et où se découvrent, sur la gauche, aux promeneurs les aspects les plus divers et les plus inattendus des panoramas du Golfe de Siam, l'on parvient à une forêt de pins d'où l'on peut retomber sur Popokvil à travers un pays peu frayé des promeneurs et où l'on peut assez souvent rencontrer des éléphants sauvages.

C'est donc là une excursion recommandée aux chasseurs beaucoup plus qu'aux promeneurs.

Telles sont les principales promenades à faire sur le plateau du Bo'kor et le long de la Côte d'Opale. Mais il demeure certain que chacun des sites indiqués est, par lui-même, un centre d'excursions d'où les promeneurs rayonneront et autour desquels ils feront chaque jour de nouvelles découvertes. La région du Bo'kor et tout le sud du Cambodge offre au visiteur le plus exigeant des possibilités merveilleuses et indéfinies de tourisme.

INDEX

de

Renseignements Utiles

sur le

Tourisme au Cambodge

Renseignements Utiles

Affréteurs Indochinois [1], quai Norodom, 60-62, Pnom-Penh

Ligne de Saigon à Bangkok

TARIF DES TRAJETS	Distances km.	Passagers sur réquisition				Passagers sans réquisition			
		1re classe	2e classe	3e classe	4e classe	1re classe	2e classe	3e classe	4e classe
De Kep à :									
Saïgon.	750	28$00	22$00	14$00	7$50	34$00	27$00	17$00	9$00
Réam..	170	5 00	4.00	3 00	1 00	6 00	4 50	4 00	1 50
Chantaboun	520	18 00	14 00	8 00	4 50	22 00	17 00	10 00	6 00
Bangkok	780	26 00	20.00	10 00	6 50	31 00	24 00	12 00	8 00
De Ream à :									
Saïgon.	920	33$00	26$00	17$00	8$50	40$00	31$50	21$00	10$50
Kep	170	5 00	4 00	3 00	1 00	6 00	4 50	4 00	1 50
Chantaboun	350	13 00	10 00	5 00	3 50	16 00	12 50	6 00	4 50
Bangkok	610	21 00	16 00	7 00	5 50	25 00	19 50	8 00	6 50

(1) Pour tous renseignements, s'adresser à :
Saigon : Affréteurs Indochinois, 40 42, rue Lefèbvre — Téléphone 174 — Télégrammes: Orcin-Saigon.
Pnom-Penh : Affréteurs Indochinois, 60-62, quai Norodom — Téléphone 20 — Télégrammes : Affréteurs-Indochinois Pnom-Penh.
Haiphong : Union Commerciale indochinoise — Télégrammes : Ucindo-Haiphong.
Singapore : Successeurs de Moine, Conte et Cie — Télégrammes : Moine-Singapore.
Penang : Beng-Kee.
Bangkok : Successeurs de E. C. Monod et Co Bush Lane — Télégrammes : Monod-Bangkok.
Hongkong : Compagnie Optorg.
Shanghaï : Moller et Co.

Messageries Fluviales de la Cochinchine et du Cambodge

Quai Lagrandière, no 29, Pnom-Penh

Tarif des Passages	1re clas.	2e classe	Pont	Distance km.
de Pnom-Penh à : Saigon	27$50	19$50	4$20	400
Mytho (1)................	21 30	15 40	3 60	293
Kompong-Chnang......	7 50	4 40	1 10	96
Pursat....	12 40	8 10	2 70	185
Siemréap	18 90	11 80	3 40	250
Battambang.	29 70	19 80	5 50	370
Kompong-Cham........	12 10	7 30	1 10	100
Kratié	22 30	11 70	2 40	206
Stung-Treng	33 70	18 70	4 20	335
Khône-sud	39 60	22 50	5 20	395
de Khône-sud à Khône-nord ...	0 40	0 25	0 15	»
de Khône-nord à Savannakhet.	27 10	16 30	7 00	405
de Savannakhet à Vientiane...	30 40	17 90	8 50	483
de Vientiane à Luang-Prabang	27 60	16 60	7 50	425

Des billets d'excursion pour Angkor, comprenant le passage en 1re classe aller et retour, le logement à l'hôtel de Pnom-Penh et au bungalow d'Angkor et la visite des ruines, sont délivrés aux guichets de la Compagnie :

1o En partant de Saigon pour rentrer à Saigon :

Excursion	A-1 4 j. 1/2 à Angkor 1 j. à Pnom-Penh	131$00
—	A-2 id. 3 j. id.	195 00
—	B 6 j. à Angkor, 1 j. id.	200 00
—	C-1 2 j. à Angkor, 1 j. id.	150 00
—	C id. 3 j. id.	165 00

2e En partant de Pnom-Penh pour rentrer à Pnom-Penh :

Excursion	A 1	131$00
—	B	151 00
—	C-1	101 00

Les touristes habitant l'Indochine bénéficient des tarifs spéciaux ci-dessous :

1o Partant de Saigon pour rentrer à Saigon :

Excursion	A-1	167$00
—	A-2	182 00
—	B	182 00
—	C-1	144 00
—	C-2	159 00

2o Partant de Pnom-Penh pour rentrer à Pnom-Penh :

Excursion	A-1	118$00
—	B	133 00
—	C-1	95 00

(1) De Saigon à Chaudoc : 1re 23 $ 10, 2e 16 $ 00, pont 3 $ 60.

Messageries Fluviales

NOTA. — Les horaires sont donnés sous toutes réserves, à cause des variations de courant et des changements de vapeurs ou chaloupes. Ils peuvent être modifiés, selon les nécessités du service, sans que la Compagnie encoure aucune responsabilité du fait de la publication de ce livret. La Compagnie décline également toute responsabilité en cas de manquement de correspondance avec le train ou avec d'autres vapeurs.

Ligne **A**, de SAIGON à PNOM-PENH
(*Service des hautes eaux*, approximativement du 1er juin au 31 décembre)

HORAIRE

ALLER		Saigon	RETOUR		
Mardi, Jeudi, Samedi: *départ* à 21 heures		**Saigon**	↑ *Arr.* variable selon la marée	Dim. Mar. Vend.	
— — —		Myloi			
Mer., Vend., Dim., { *arr.* 7h.30 *dép.* 8h. }		**Mytho**	*arr.* { Hautes eaux 5h. 5h. 5h. Dim. Mar. Vend. Basses eaux 4h. 4h.30 4h. }		
— — —		Vinh-Long	— — —		
— — —		Sadec	— — —		
— — —		Datset	— — —		
— — —		Caitau	— — —		
— — —		Rach-Cao-Lanh	— — —		
— — —		Chotu	— — —		
— — —		Culao-Tay	— — —		
— — —		Rach-Hong-Ngu	— — —		
— — —		Tanchau	— — —		
— — —		Vinh-Xuong	— — —		
— — —		Vinh-Loi	— — —		
— — —		Banam	— — —		
J. Sam. Lun. { *arr.* Basses eaux 13h. Hautes eaux 16h. }		**Pnompenh**	*dép.* { Basses eaux 8h. 8h.30 8h. Sam. Lun. Jeu. Hautes eaux 9h. 9h. 9h. }		

Sauf influence des courants.

N. B. — REPAS. — Pour toutes les lignes de la Cochinchine et du Cambodge, les prix de passage en 1re classe inférieurs à $ 5, et en 2e classe inférieurs à $ 3,50, ne comprennent pas le prix des repas, qui seront comptés à raison de $ 2 en 1re classe et $ 1,50 en 2e classe par repas, en plus du prix du passage.

Ligne **D**, de SAIGON à DAI-NGAI par CHAUDOC
Avec correspondance pour Tieucan, Soctrang et Baclieu

HORAIRE

ALLER				RETOUR		
Lundi	Vendredi 21h. *dép.*		**Saigon**	*arr.* (Variable selon la marée) Vend. Mar.		
Mardi	Samedi 8h.45 *dép.*		Mytho	*arr.* 15h,30	Vendredi	Mardi
—	— *arr.*		Cai-bé			
—	—		Vinh-long	—	—	
—	—		Sadec	—	—	
—	—		Datset	—	—	
—	—		Cai-tau		—	
—	—		Rach-Caolanh		—	
—	—		Culao-Gien	—	—	
—	—		Chotu	—	—	
—	—		Chomoi	—	—	
—	—		Rach-Caidam	—		
—	—		Chaudoc	*dép.* 0h. *arr.* 12h.	Vendredi Jeudi	Mardi Lundi
—	—		Rach-Caidam	—	—	
Mercredi	Dimanche		Long-Xuyen	—	—	
—	—		Bo-Hoop	—	—	
—	—		Laivung	—	—	
—	—		O-mon	—	—	
—	—		Cantho	—	—	
—	—		Traon	—	—	
—	—		Cauké	—	—	
—	— 18h.30 *arr.*		**Daingai**	*dép.* 19h.	Mercredi Dimanche	

CORRESPONDANCE

ALLER		RETOUR	ALLER		FETOUR
Mer.,D.,21.h dép.	Dai-Ngai	arr, 17h., Mer.,D.	Mer., Dim., 17h, dép.	Dai-ngai	arr. — — 20h.
— —	Soctrang	— —	— —	Mac-Bat	— —
— —	Baixau	— —	— — 19h. arr.	Tieucan	dép. Mer., Dim., 19h.
J, Lundi, 7h, arr.	Baclieu	dép. 7h., Mer., D.			

Les heures de départ dépendent des heures d'arrivée à Daingai de la ligne D.

Voir le tarif des deux lignes annexes ci-dessus. En dehors de ces correspondances, la ligne Dai-Ngai à Baclieu et la ligne de Dai-Ngai à Tieucan sont desservies *quatre* autres jours par semaine.

Admission des automobiles de tourisme en Indochine

Les droits d'entrée en Indochine des voitures automobiles de fabrication étrangère sont de 180 °/₀ en tarif général et de 45 °/₀ en tarif minimum. Ces droits sont calculés sur la valeur des voitures; ils ne sont affectés d'aucun cœfficient de majoration.

Les automobiles des touristes étrangers venant faire dans la Colonie un séjour temporaire sont soumises au régime de la consignation, au moment du débarquement, du montant intégral des droits établis sur cette base.

Sont dispensés de la consignation, les touristes qui acceptent de souscrire une soumission cautionnée par une personne solvable de la place et garantissant, le cas échéant, le paiement des droits pouvant être dus au Trésor.

Les sommes consignées ou les engagements souscrits sont remboursés ou annulés à la sortie, après vérification de l'identité des véhicules et constatation de leur réexportation dans un délai qui ne doit pas, en principe, excéder une année. L'opération s'effectue au moment même de l'embarquement, sans qu'il soit nécessaire d'attendre la mise en mer du navire transporteur.

Dans le but de faciliter le développement du tourisme en Indochine, un accord est intervenu, en 1923, entre le Consul de France à Bangkok et l'Administration des Douanes, pour autoriser l'admission

en franchise, sans caution ni consignation des droits, des automobiles des touristes venant du Siam et munis d'un certificat consulaire dont ci-joint un modèle. Il suffit, dans ce cas, d'un simple engagement pris par les intéressés, sous leurs seules signatures, de réexporter leurs voitures dans le délai imparti, la sortie pouvant, d'ailleurs, s'effectuer par un port quelconque de la Colonie.

Ce régime a été étendu aux touristes venant de Singapore, en juillet 1924.

Certificat consulaire

Nous, Consul de France à (ville.....) (état....), certifions par les présents que M. (nom.....) (nationalité) (profession....), résidant à (domicile....), nous a déclaré vouloir se rendre en Indochine, via (port d'entrée.....) et y amener une voiture automobile :

    Marque.. ... ...
    Poids. ... ...
    Moteur à cylindre n°. ...
    Carrosserie. ... ...
    Nombre de places. ... ...
    Couleur.. ... ...
pour ses déplacements.

Nous attestons connaître parfaitement M...... et garantissons son honorabilité et sa solvabilité.

En conséquence, nous prions MM. le Directeur et Receveur des Douanes et Régies en (pays du port d'entrée, de vouloir bien faire bénéficier M..........
des dispositions adoptées pour l'entrée en franchise, sans caution ni consignation de droit, de la voiture automobile de....., qui prend l'engagement formel de réexporter sa voiture avant le délai d'un an.

Pnom-Penh, le 30 décembre 1924.

Le Sous-Directeur *p. i.* des Douanes et Régies au Cambodge *à Monsieur le Résident Supérieur de la République française au Cambodge, Pnom-Penh.*

Comme suite à notre entretien du 29 courant, j'ai l'honneur de vous préciser, ci-dessous, les divers points relatifs à l'importation et à l'exportation des automobiles à Réam :

1⁰ Le régime du triptyque n'est pas admis en Indochine avec les pays circonvoisins.

Les automobiles de tourisme amenées de l'étranger par des personnes qui viennent faire un séjour temporaire, sont soumises au régime soit de *la consignation des droits, soit de l'acquit-à-caution.*

Les droits consignés ou les engagements souscrits sont remboursés ou annulés après vérification de l'identité des véhicules et constatation par le service de leur réexportation dans un délai qui ne doit pas, en principe, excéder une année.

La consignation des droits à Réam ne soulève de la part du service aucune difficulté, toutefois elle présente l'inconvénient d'obliger les importateurs — des touristes en général — à débourser des sommes qui ne cessent d'être importantes (180 %/₀ de la valeur de la voiture et des apparaux), aussi le système de l'acquit-à-caution leur apparaîtra-t-il probablement préférable, mais, là, se présente une difficulté : celle de trouver des cautions à Réam. Dans le but de favoriser le tourisme au Cambodge, il serait possible d'accepter que la caution fût donnée seulement à Pnom-Penh par une des maisons de la place et, en particulier, la Banque de l'Indochine, qui possède une agence à Bangkok susceptible de lui donner tous renseignements sur les garanties que peuvent présenter les importateurs.

La Banque de l'Indochine, pour prendre cet exemple, prévenue par la succursale de Bangkok qu'elle se porte caution pour M. X...., attendu prochainement, aviserait la Sous-Direction des Douanes et Régies, qui donnerait les ordres nécessaires au Receveur de Réam.

A la sortie, la Sous-Direction des Douanes aviserait la Banque de l'Indochine à Pnom-Penh de la réexportation de la voiture pour laquelle elle avait donné sa caution.

Cette manière d'opérer semble la meilleure que nous puissions envisager pour les touristes de Bangkok, demeurant toujours bien entendu qu'il ne saurait être question de leur imposer le régime de l'acquit cautionné par la Banque de l'Indochine et que faculté leur demeurera pleine entière d'opter, s'ils le préfèrent, pour le régime de la consignation des droits ;

2⁰ Je crois devoir signaler que les armes de chasse sont également admises temporairement sous le régime de la consignation des droits ou de l'acquit-à-caution. Le délai de réexportation est le même que pour les automobiles : un an. Les munitions de chasse ou de guerre *sont taxées à l'entrée* ;

3⁰ Les voitures de fabrication française exportées temporairement et dont les voyageurs désirent se réserver la libre réadmission, doivent faire, à la sortie, l'objet d'un passavant descriptif, avec déclaration portant réserve de retour. Le délai de réimportation est fixé à un an.

Cette disposition s'applique également aux voitures de fabrication étrangère, mais sous réserve de justification de leur nationalisation ;

4⁰ Dans l'état actuel de la législation, le transport des marchandises et des passagers de port à port de la Colonie peut avoir lieu par tous les pavillons.

Signé : Duguet.

Phnom-Penh, le 13 janvier 1925.

Monsieur le Résident Supérieur au Cambodge, Phnom-Penh.

Monsieur le Résident Supérieur,

J'ai l'honneur de vous accuser réception de votre lettre du 12 courant par laquelle vous voulez bien me demander si notre établissement est disposé à prêter à l'Administration son concours pour faciliter la circulation des automobiles et l'introduction des armes de chasse des touristes débarquant du Siam au

Cambodge par un port de ce dernier pays. Vous m'adresserez, en outre, pour m'édifier, copie d'une lettre que la Sous-Direction locale des Douanes et Régies vous a écrite le 30 décembre sur les conditions dans lesquelles il lui serait possible d'exempter les voyageurs des droits élevés qu'ils seraient forcés de consigner jusqu'au réembarquement de leurs automobiles et de leurs armes.

L'Administration des Douanes consent à laisser circuler librement ces objets pourvu que la banque se porte caution ; décharge serait ensuite donnée à celle-ci une fois le réembarquement constaté.

Dans ces conditions et du moment que notre responsabilité n'entre en jeu que pour le paiement éventuel des droits de douane, je n'ai aucune objection à accepter la combinaison proposée par M. le Sous-Directeur des douanes et Régies. Toutefois, et vous le comprendrez d'ailleurs, je ne puis agir qu'en harmonie avec mon collègue de Bangkok, seul placé pour juger de l'honorabilité et de la solvabilité des touristes qui voudront bien solliciter ses bons offices.

Je pense bien qu'au cas, et il sera fréquent, où ceux-ci se réembarqueraient ailleurs que dans un port du Cambodge, la question de la décharge de notre responsabilité ne soulèverait aucune difficulté ni retard.

J'adresse, par le plus prochain courrier, à mon collègue au Siam un extrait de la lettre de l'Administration des Douanes et lui mande, en même temps, quel prix vous attachez au concours de notre banque en la circonstance, concours sans lequel le tourisme étranger risquerait, évidemment, de ne pas atteindre le grand essor que l'on est en droit d'espérer.

Veuillez agréer, Monsieur le Résident Supérieur, l'assurance de mes sentiments respectueux.

Le Directeur p. i.
de la Banque de l'Indo-Chine,
succursale de Pnom-Penh,
Signé : GARNIER.

Établissements Bainier

Auto-Hall

Rue Galliéni n° 139 — Phnom-Penh
Services subventionnés

Tarif général des passagers

PARCOURS	Km.	Aller	Aller et Retour
Phnom-Penh-Saigon...	235	11$70	17$55
Phnom-Penh-Banam...	60	2.80	4.20
Phnom-Penh-Soairieng.	125	5.95	8.95

Voitures de tourisme

0 $ 30 par kilomètre, sur toutes les routes du Cambodge. Ce prix s'entend pour la voiture chargée ; au cas où elle devrait rentrer à vide à Phnom-Penh, il conviendrait d'augmenter ce prix de 0 $ 20 par kilomètre, pour le retour à vide.

Taxi-Autos

0 $ 20 par kilomètre.
0 $ 15 par kilomètre pour le retour à vide en dehors de la ville de Phnom-Penh.

Grand Garage Khmer

Rue Hassakan, n°ˢ 33, 35 — Phnom-Penh

Services postaux subventionnés

Tarif général des passagers

DÉSIGNATION DES PARCOURS		PRIX
Pnompenh à Kampot...............	114 Km.	8 $ 31
id. à Kep	165 —	9 71
id. à Bo'kor	187 —	10 55
id. à Réam.................	244 —	13 15
id. à Kompong-Cham	125 —	6 77
id. à Kompong-Thom. ...	171 —	9 13
id. à Siemréap Angkor ...	320 —	17 71
id. à Krakor (Route d'Angkor)..	160 —	8 87
id. à Battambang	290 —	16 00
id. à Siplion	360 —	19 80
id. à Chaudoc par Takéo .	160 —	8 86

N. B. — En cas de transport d'un voyageur accompagné de sa famille, les réductions suivantes seront appliquées :

20 % pour une famille composée de 2 à 3 personnes, chef compris ;

30 % pour une famille de plus de 3 personnes.

Des billets aller et retour valables pendant une durée d'un mois seront passibles d'une réduction de 20 % sur les prix du tarif.

VI

Les touristes soucieux du confort

et de la bonne chère

descendent au

GRAND HOTEL

PNOM-PENH

M. MANOLIS, *Directeur-Propriétaire*

Grand Garage Khmer J. Baluteig et E. Cambon

SERVICES AUTOMOBILES SUBVENTIONNÉS

HORAIRES

I. — Ligne Pnom-Penh, Kampot, Kep, Kg-Trach, Hatien

Départ de Pnom-Penh. { **Mercredi** **Vendredi** **Dimanche**

Départ de Pnom-Penh. { **Mardi** **Vendredi**

VOYAGEURS

ALLER

	Mercredi		Vendredi		Dimanche		
Phnom-Penh..	6h.		6h.		6h.		(1)
Kompong-Toul	6	50	6	50	6	50	
Antasom Kaunsat	8	30	8	30	8	30	
Kus	8	40	8	40	8	40	
Chuk	9	20	9	20	9	20	
Kampot	11h.		11h.		11h.		
Kep	11	50	11	50	11	50	
Damnak–Changœur	12	15	12	15	12	15	
Kompong-Trach	12	50	12	50	12	50	
Hatien	13	40	13	40	13	40	

RETOUR

	Mercredi		Vendredi		Dimanche		
Hatien	15h.30		15h.30		15h.30		
Kompong-Trach	16	20	16	20	16	20	
Damnak–Changœur	16	55	16	55	16	55	
Kep (Arrivée)··	17	20	17	20	17	20	
	Jeudi		Samedi		Lundi		
Kep (Départ)··	5h.40		5h.40		5h.40		
Kampot	5	30	6	30	6	30	
Chuk	6	10	8	10	8	10	
Kus	8	80	8	50	8	50	
Antasom–Kaunsat	9	20	9	20	9	20	(2)
Kompong-Toul	11h.		11h.		11h.		
Phnom-Penh··	11	50	11	50	11	50	

OBSERVATIONS. — (1) En correspondance, mercredi et dimanche, avec service automobile subventionné Chaudoc-Takéo-Antasom-Takéo-Chaudoc.

(2) En correspondance, lundi et jeudi, avec service automobile subventionné Chaudoc-Takéo-Antasom-Takéo-Chaudoc.

AVIS IMPORTANT

Les enfants au-dessous de 3 ans ne paieront rien à la condition d'être tenus sur les genoux ; de 3 à 7 ans, ils paieront demi-place.

En cas de transport d'un voyageur accompagné de sa famille, les réductions suivantes seront appliquées :

20 % pour une famille composée de 2 à 3 personnes, chef compris ;

30 % pour une famille de plus de 3 personnes.

Des billets aller et retour valables pendant une durée d'un mois, seront passibles d'une réduction de 20 % sur les prix du tarif.

Les petits colis à main d'un poids maximum de 10 kilos, qui pourront être conservés sur les genoux des voyageurs, sans accroître l'encombrement, ou qui pourront se mettre dans les porte-bagages ou sous les banquettes, seront admis en franchise.

Les bagages qui n'entrent pas dans la catégorie ci-dessus seront taxés au tarif des messageries, sans que le poids total des colis présentés comme bagages par un voyageur puisse dépasser 25 kilos par voyageur de 1re classe.

MARCHANDISES

ALLER

	Mardi	
Phnom-Penh.....	6h.	
Antasom-Kaunsat	10	10
Takéo. { Arrivée.	10	50
Takéo. { Départ..	1	120
Antasom-Kaunsat	12h.	
Kampot	16	10
Kep	17	30
Kampot (Arrivée)	18	50

RETOUR

	Mercredi	
Kampot (Départ).	6h.	
Antasom-Kaunsat	10	10
Takéo. { Arrivée..	10	50
Takéo. { Départ...	11	20
Antasom-Kaunsat	12h.	
Phnom Penh....	14	10

ALLER

	Vendredi	
Phnom-Penh.....	6h.	
Antasom-Kaunsat	10	10
Takéo. { Arrivée..	10	50
Takéo. { Départ...	11	20
Antasom-Kaunsat	12h.	
Kampot	16	10
Kep(Arrivée)....	17	50
	Samedi	
Kep (Départ).....	6h.	
Damnak–Changœur	6	30
Kompong-Track....	7	30
Hatien (Arrivée)	9	h.

RETOUR

	Vendredi	
Hatien (Départ).	9	30
Kompong-Trach	11h.	
Damnak-Changœur	12h.	
Kep. { Arrivée...	12	30
Kep. { Départ.....	13h.	
Kampot (Arrivée).	14	30
	Dimanche	
Kampot (Départ).	6h.	
Antasom-Kaunsat	10	10
Takéo. { Arrivée.	10	50
Takéo. { Départ..	11	20
Antasom-Kaunsat	12h.	
Phnom-Penh.....	16	10

AVIS. — Les marchandises destinées aux centres ci-dessus seront enregistrées et centralisées au numéro 10 de la Rue Hassakan.

Le prix applicable est fixé à 0 $ 00035 par kilomètre et kilogramme.

N. B. — En outre, dans le but de faciliter le tourisme dans cette région, des départs supplémentaires auront lieu les lundi et jeudi pour Kampot et le samedi pour Kep.

II. — Ligne Kampot-Bo'kor

ALLER :

Départ de Kampot. } Mercredi et Samedi à 14 heures.

En correspondance avec les voitures venant de Phnom-Penh.

RETOUR :

Départ de Bo'kor. } Lundi et Jeudi à 6 heures.

En correspondance avec les voitures allant à Phnom-Penh.

III. — Ligne Kampot-Kg-Smach

ALLER :

Départ de Kampot : Vendredi, à 7 heures.
Arrivée à Kg-Smach : Vendredi, à 8 h. 30.

RETOUR :

Départ de Kg-Smach : Vendredi, à 14 h.
Arrivée à Kampot : Vendredi, à 15 h. 30.

IV. — Ligne Phnom-Penh-Kg.-Thom-Siemréap-Angkor

Départ de Phnom-Penh. } Mercredi / Dimanche

Départ de Kg.-Thom. } Jeudi / Lundi

ALLER :

Phnom-Penh (Départ) à	6 h.00
Kg-Thom (Arrivée) à	12 00
Kg-Thom (Départ) à	13 00
Siemréap (Arrivée) à	18 00

RETOUR :

Siemréap (Départ) à	6 h. 00
Kg.-Thom (Arrivée) à	11 00
Kg-Thom (Départ) à...	11 40
Phnom-Penh (Arrivée) à...	18 00

V. — Ligne Phnom-Penh-Kg.-Cham

Départ de Phnom-Penh. } Mercredi / Dimanche

Départ de Kg-Thom. } Jeudi / Lundi

ALLER :

Phnom-Penh (Départ) à..	7 h. 00
Kg.-Cham (Arrivée) à.	11 30

RETOUR :

Kg.-Cham (Départ) à.	7 h.00
Phnom-Penh (Arrivée) à..	11 30

VI. — Ligne Chaudoc-Antassom

Départ en Chaudoc : Lundi, Mercredi, Jeudi, Dimanche.

	Mercredi	Dimanche		Lundi	Jeudi
Chaudoc (Départ).....	5 h.30	5 h.30	Chaudoc (Départ)......	6 h.	6 h.
Tinhbiên (bac).			Tinhbiên (bac).		
Takéo.......................	8 h.	8 h.	Takéo....................	8 h.50	8 h.50
Antassom...................	8 h.30 (1)	8 h.30	Antassom.................	9 h.20	9 h.20(²)
Takéo., ...	9 h.	9 h.	Takéo....................	9 h.50	9 h.50
Tinhbiên (bac).			Tinhbien (bac).		
Chaudoc (retour).......	12 h.	12 h.	Chaudoc (retour)........	12 h.	12 h.

(1) En correspondance avec automobile allant à Kampot.
(2) En correspondance avec automobile allant à Phnom-Penh.

VII. — Ligne Phnom-Penh-Kompong-Chnang-Battambang

Départ de Phnom-Penh : Mercredi, Vendredi, Dimanche. | *Départ de Battambang :* Jeudi, Samedi, Lundi.

ALLER

Phnom-Penh	6 h.	
Prekphnau	6	30
Kompong-Luong	7	40
Kg-Chnang. { Arrivée	10	
{ Départ	11	30
Phsar-Babaur	12	15
Anlongthnot	13	30
Pursat. { Arrivée	14	30
{ Départ	15	
Muong	17	
Arrivée Battambang	18	30

RETOUR

Battambang	6 h.	
Muong	7	30
Pursat. { Arrivée	9	30
{ Départ	11	
Anlongthnot	12	
Phsar-Babaur	13	15
Kg-Chnang { Arrivée	14	
{ Départ	14	30
Kg-Luong	15	30
Prekphnau	17	40
Arrivée Phnompenh	18	30

NOTA. — Pendant la saison des hautes eaux, le départ aura lieu le MARDI.

VIII. — Ligne Kompong-Chnang-Battambang

Hebdomadaire pendant la saison des Basses Eaux

ALLER

Départ de Phnom-Penh :
Dimanche, après-midi,
Arrivée à Kg-Chnang :
Dimanche soir.

Départ de Kg-Chnang, lundi, à	7 h.	
Phsar-Babaur	8	30
Anlongthnot	10	
Pursat { Arrivée	12	30
{ Départ	13	
Muong	16	
Arrivée à Battambang	18	30

RETOUR

Départ de Battambang : mercredi	6 h.	
Muong	8	30
Pursat. { Arrivée	11	30
{ Départ	12	
Anlongthnot	14	
Phsar-Babaur	16	
Kg-Chnang	17	30

Départ de Kg-Chnang : jeudi matin
Arrivée à Phnom-Penh : jeudi, dans la **matinée**.

IX. — Ligne Battambang-Sisophon

Hebdomadaire toute l'année

Saison des Moyennes et Hautes Eaux

ALLER : Mercredi

Départ de Battambang à	6 h.(1)	
Mongkolborey	8	
Arrivée à Sisophon	8	30

RETOUR : Mercredi

Départ de Sisophon à	9 h. 30	
Mongkolborez	10	
Arrivée à Battambang	12	

(1) Emporte courrier apporté Battambang : Par Messageries Fluviales : Samedi soir et Lundi soir ; Par auto Mardi soir.

Saison des Basses Eaux

ALLER : Samedi

Départ de Battambang à	6 h.(1)	
Mongkolborey	8	
Arrivée à Sisophon	8	30

RETOUR : Samedi

Départ de Sisophon à	9 h. 30	
Mongkolborey	10	
Arrivé à Battambang	12	

(1) Emporte courrier apporté Battambang : Par auto : Mercredi soir et Vendredi soir.

X. — *Tarif de location des voitures de tourisme*

(Prix pour aller et retour)

	Voiture 4 places	Voiture 6 places	Car 20 voyageurs
Kep à Pnompenh.. 181 Km	75 $ 00	90 $ 00	150 $ 00
Kep à Saigon.... 410 —	180 00	210 00	300 00
Kep à Angkor.... 495 —	220 00	250 00	350 00
Pnompenh à Angkor 320 —	150 00	180 00	220 00
id. à Saigon.. 235 —	100 00	130 00	180 00
id. à Bockor. 187 —	80 00	100 00	160 00
id. à Réam... 244 —	100 00	130 00	180 00
id. à Kampot. 154 —	60 00	70 00	120 00
id. à Chaudoc 160 —	70 00	85 00	140 00
id. à Kg-cham 125 —	50 00	60 00	100 00
id. à Battambang 290 —	120 00	150 00	200 00
id. à Kg-Speu 45 —	18 00	25 00	35 00
Réam au Bockor et Pnompenh (1)	150 00	180 00	
Réam à Angkor............	220 00	275 00	380 00
id. à Saigon............	190 00	230 00	330 00
id. à Kep............	50 00	65 00	80 00
id. à Hatien............	65 00	85 00	115 00
id. à Battambang......	210 00	265 00	370 00

P. S. — Les familles habitant la Colonie désirant louer un auto-car de 10 à 20 personnes pouvant transporter, en outre, environ 400 kilos de bagages, bénéficieront d'un rabais de 40 % sur les tarifs indiqués ci-dessus dans la colone « CAR »

(1) Voiture partant de Pnom-Penh à Réam au Bo'kor et Pnom-Penh retour.

Société des Automobiles et Cycles de l'Indochine

Rue de Fésigny, n° 3. — Pnom-Penh

Tarif de location des voitures de tourisme

Voiture 10 C. V. 4 places — 0 $ 20 par Km.

    id.   15 C. V. 6 id.   0 $ 30 id.

(Ces prix s'entendent pour un parcours minimum de 100 Km. et comportent un supplément de 15$ par journée d'immobilisation de la voiture).

Promenades à Pnom-Penh

   Voiture 10 C. V. — 4 places : 5 $ la première heure et 3 $ les heures suivantes.

   Voiture 15 C. V. — 6 places : 6 $ la première heure et 4 $ les heures suivantes.

Dans certains cas et dans certaines circonstances, les touristes pourront bénéficier de prix spéciaux, après entente avec le Directeur du garage, tant pour le prix que pour les délais d'excursion.

Tarif du Bo'kor-Palace

(187 Km. de Pnom-Penh — 400 Km. de Saigon — 600 Km. de Bangkok)

1° PALACE

Petit déjeuner............................ 0$75
Déjeuner.... .... 2 00
Dîner 2 50

2° HOTEL BEAU-SITE

Petit déjeuner........................... 0$50
Déjeuner (sans vin)..................... 1 50
Dîner (sans vin)........................ 2 00

Pension au restaurant :

	Palace	Hôtel Beau-Site
Pour 10 jours............	4$00 par jour.	3$00 par jour.
Pour 20 jours............	3 50 id.	2 50 id.
Au mois.................	90 00 par mois.	70 00 par mois.
Enfants : De 8 à 13 ans — Réduction sur les prix ci-dessus de :	25 %	30 %
De 4 à 8 ans — Réduction sur les prix ci-dessus de :	50 %	50 %

Chambre seule à la semaine :

1° PALACE

	1 PERSONNE	2 PERSONNES
Chambres 1re catégorie...	7$00	11$00 (1 grand lit)
Chambres ordinaires	5 00	9 00 (1 grand lit

2° HOTEL BEAU-SITE

Pour une personne................ 2$50 par jour.
Pour deux personnes.... .... 3 50 par jour.

	Palace	Hôtel Beau-Site
Lit supplémentaire pour grande personne..... .	1$00 par jour	0$80 par jour
Lit supplémentaire pour enfant....	0 00 id.	0 30 id.

Bo'kor-Palace *(suite)*

Pension complète

(Chambre, petit déjeuner et les deux repas principaux)

1° AU PALACE

	A la journée		A la semaine		Au mois ou la moitié pour 15 jours	
	1 pers.	2 pers.	1 pers.	2 pers.	1 pers.	2 pers.
Chambre 1re catégorie........	11 $ 00	15 $ 00	9 $ 00 par jour	14 $ 00 par jour	210$00	320$00
Chambre ordinaire.............	9 00	13 00	7 00 id. id.	12 00 id. id.	200 00	300 (0
Pension complète (de 8 à 13 ans)..	3 00		15 00		50 00	
Par enfant (de 4 à 8 ans)..........	2 00		par semaine 12 00 id. id.		35 00	

Une réduction de 10 % sera accordée sur les tarifs visés ci-dessus aux familles ayant trois enfants et au-dessus âgés de moins de seize ans.

Tarif réduit

Application du 1er juin au 1er janvier

	A la journée		A la semaine		A la quizaine ou au mois	
	1 pers.	2 pers.	1 pers.	2 pers.	1 pers.	2 pers.
Chambre de 1re catégorie	9 $ 00	13 $00	7 $ 0	11 $ 00	150$00	240$00
Chambre ordinaire.	7 00	11 00	6 00	10 00	140 00	210 00
Enfants de 8 à 13 ans	2 50	»	13 00	»	45 00	»
Enfants de 4 à 8 ans	1 50	»	10 00	»	30 00	»

Une réduction de 10 % sera accordée sur les tarifs visés ci-dessus aux familles ayant trois enfants et au-dessus âgés de moins de seize ans.

2° A L'HOTEL BEAU-SITE

	A la journée		A la semaine		A la quinzaine ou au mois	
	1 pers.	2 pers.	1 pers.	2 pers.	1 pers.	2 pers.
Pour grandes personnes........	5$00	8$00	4$00	7$00	20$00	180$00
Enfants de 8 à 13 ans...........	2 50		13 00		45 00	
Enfants de 4 à 8 ans.............	1 50		10 00		30 00	

Lit supplémentaire pour grande personne.. 0 80 par jour.
Lit supplémentaire pour enfant............ 0 30 par jour.

Tarif pour les Pensionnaires de l'Hôtel Beau-Site
qui désirent manger au palace

	A la journée		A la semaine		A la quinzaine ou au mois	
	1 pers.	2 pers.	1 pers.	2 pers.	1 pers.	2 pers.
Pour grandes personnes..	6$00	9$00	5$00	8$00	140$00	00$00
Enfants de 8 à 13 ans.	3 00		15 00		50 00	
Enfants de 4 à 8 ans	2 00		12 00		35 00	

Une réduction de 10 % sera accordée sur les tarifs visés ci-dessus aux familles ayant trois enfants et au-dessus âgés de moins de seize ans.

Location d'un pavillon entier

Sauf pour les mois de février à avril inclus, 150 $ 00 par mois.

Prix de la pension en plus

La journée de pension complète comprend 24 heures et court à partir de l'heure de la prise de possession de la chambre ; la fraction de journée en sus sera décomptée d'après le tarif applicable aux repas isolés ou à la location d'une chambre sans pension, sans, toutefois, que le prix de la fraction de journée puisse être supérieur à celui d'une journée complète supplémentaire.

Le prix de location d'un pavillon entier s'entend pour un séjour minimum d'au moins quinze jours.

N.B. — Le vin n'est pas compris dans les prix des repas et de la pension.

TARIFS DES HOTELS

Grand Hôtel de Pnom-Penh

Quai Lagrandière

Repas avec vin { Petit déjeuner............ 0 $ 50 / Déjeuner................ 1 50 / Dîner.................... 1 50

Pension au restaurant, par mois : 50$00 (avec vin).

Pour les enfants de moins de 14 ans : 1/2 tarif.

Pension complète (les chambres ne sont pas louées sans pension). *Chambre et trois repas par jour avec vin* :

| Numéros des CHAMBRES | Une personne | | Deux personnes | | OBSERVATIONS |
	à la journée	au mois	à la journée	au mois	
12-13-14	15$	220 $	18$	280$	La direction fait des prix spéciaux pour la location de chambres et pour les pensions de longue durée.
35	12	230	15	280	
11-17-22-27	10	160	13	200	
33		140	11	190	
7-8-9-10 16-18-19-20 21	7.50	130	10 50	180	Un prix global est appliqué pour les familles nombreuses.
1-2-3-4-5 6-23-24 25-26-28 29-30-31 32-34	7	120	10	170	Le prix de la pension au mois n'est fait qu'à compter de 20 jours; au-dessous, prix à la journée.
15	6.50	110	9.50	160	

Excelsior Hôtel

Quai Lagrandière. — Pnom-Penh

CHAMBRES	par jour	par 15 jours	au mois
1re catégorie.....	4 $ 00	40 $ 00	80 $ 00
2e id.	3 50	30 00	60 00
3e id.	3 00	25 00	50 00
4e id.	3 00	22 50	45 00

| PENSION | Par jour | | Par quinzaine | | Par mois | |
	1 pers.	2 pers.	1 pers.	2 pers.	1 pers.	2 pers.
Pension ordinaire (2 repas sans vin)	3 $ 00	6 $ 00	22 $ 50	40 $ 00	45 $ 00	80 $ 00
Petit déjeuner...	0 50	1 00	2 50	5 00	5 00	10 00
Pension complète Petit déjeuner, 2 repas sans vin et chambre 1re catégorie.........	7 50	11 50	65 00	85 00	130 00	170 00
id. et chambre 2e catégorie....	7 00	10 50	55 00	75 00	110 00	150 00
id. et chambre 3e catégorie.....	6 50	10 00	50 00	70 00	100 00	140 00
id. et chambre 4e catégorie.....	6 50	10 00	47 50	65 50	95 00	135 00

Hôtel du Centre

Rue de Laporte, no 26 — Pnom-Penh

CHAMBRES Sans restaurant	Par jour	Par quinzaine	Par mois
1re catégorie	4 $ 00	50 $	90 $
2e id.	3 00	35	60
3e id.	2 50	25	45
4e id.	2 00	22	40
5e id.	1 50	18	35
6e id.	1 20	16	28

Hôtel du Petit Paris

Rue Armand Rousseau, no 56 — Pnom-Penh

CHAMBRES Sans restaurant	Par jour	Par quinzaine	Par mois
1re catégorie	2 $ 50	25 $	50 $
2e id.	2 00	17	35
3e id.	1 50	15	30

Hôtel de Kompong-Thom

(projet)

171 km. de Phom-Penh, 149 km. d'Angkor

Repas isolés.	petit déjeuner..	0 $ 75	
	déjeuner..............	1 50	
	dîner.................	2 00	
	repas pour enfant de 3 à 8 ans	0 50	
	repas pour enfant de 8 à 14 ans............	0 80	
Pension au restaurant.	pour 10 jours...... ..	3 $ 50	par jour
	— 20 —	3 00	
	au mois	80 00	
	enfants de 3 à 8 ans...	0 80	par jour
	enfants de 8 à 14 ans .	1 20	id.

Prix par jour	1 pers.	2 pers.	Enfants de	
			3 à 8 ans	8 à 14 ans
Pension complète (chambre et repas compris). à la journée.....	6 $ 00	9 $ 00	1 $ 30	2 $ 00
à la semaine	5 00	8 00	1 20	1 80
à la quizaine ou au mois.	4 50	7 00	1 00	1 60

Réduction : 10 % aux familles ayant 3 enfants et au-dessus âgés de moins de 16 ans. (Les prix pour enfants s'entendent pour les enfants avec leur père ou mère dans la même chambre).

Domestiques : nourriture indigène à raison de 0 $ 50 par jour.

NOTA. — Les prix des repas et de la pension ne comprennent pas le vin.

Bungalow de Battambang

290 km. de Pnom-Penh

Petit déjeuner................................	0 $ 30
Repas (déjeuner ou dîner) sans vin	1 20
id. avec vin.............	1 50
Une journée (petit déjeuner et 2 repas) sans vin..	2 50
id. avec vin..	3 10
Pension au mois (petit déjeuner et chambre non compris (sans vin)...........	50 00
id. (avec vin).......................	65 00
Chambre à 1 lit...............................	1 50
— à 2 lits....................................	2 50
Chambre pour 8 jours et au-dessus, à 1 lit........	1 20
à 2 lits...... .	2 00
Réduction de 50 % pour enfants au-dessous de 6 ans.	

Hôtel d'Angkor

320 km. de Pnom-Penh

Pension complète (Chambre et restaurant, vin compris)	Par jour..................... 12 $ 00 (Réduction de 25 % pour les personnes résidant habituellement en Indochine). Par jour : fonctionnaires ou officiers en mission 7 00
Trajet du bateau des Messageries Fluviales au débarcadère.	Par personne.................. 1 00
	Par famille... ....•. 0 80 par personne (enfants de 5 à 15 ans : 1/2 place).
	Domestiques.................... 0 50 par unité.
	Bagages : par colis : jusqu'à 30 kg. 0 20
	— 60 — 0 30
	— de 61 à 100. 0 60
Trajet du débarcadère au bungalow (autos légères ou camionnettes)	Par personne 3 20
	Par famille .... 2 75 par personne.
	Domestiques . ... 1 50 par unité.
	Bagages : par colis : jusqu'à 30 kg. 0 30
	— de 31 à 60 kg. 0 50
	— de 61 à 100 k. 1 00
Visite des ruines (en auto)	Petit-Circuit : moins 3 personnes : 6 00 par personne.
	Plus de 3 personnes 4 00 par personne.
	Grand-circuit : moins de 3 pers. 3 50 par personne.
	Plus de 3 personnes 2 50 par personne.
Location petit auto Dodge, pour une 1/2 journée	Sur les circuits d'Angkor 16 00
	En dehors des circuits d'Angkor. 20 00
	Camionnette 25 00
Promenade nocturne sur les circuits (moins de 2)	Moins de 3 personnes.......... 8 00 par personne.
	A partir de 3 personnes........ 6 00 par personne.
Promenade à Siemréap	De jour : moins de 3 pers. par heure, la 1re heure....... 3.00 par personne.
	A partir de 3 personnes, par heure, la 1re heure à... . 1 00 par personne.
	Les heures suivantes.......... .. 0 50 par personne
	De nuit : Tarif double.
Location de chevaux de selle, éléphants ou charrettes	Un cheval sellé avec conducteur : 1/2 journée........ ....,. 1 50
	Un cheval sellé sans conducteur : 1/2 journée.... .... 1 00
	1 éléphant avec cage à 2 places, 1/2 journée 3 00
	1 charrette avec conducteur, 1/2 journée.. ....,. 1 50
Guides........	Par 1/2 journée et par visiteur.. 1 00
	id. par famille.. 1 50

Nota.— La Compagnie des Messageries fluviales délivre aux touristes des billets d'excursion leur assurant, à forfait, le passage et la visite des ruines.

Hôtel de Kep

*175 km. de Phnom-Penh, 22 km. de Kampot
55 km. du Bo'kor*

Repas isolé (sans vin)	Petit déjeuner	0 $75
	déjeuner	1 50
	dîner	2 00
	pour enfant de 3 à 8 ans	0 50
	pour enfant de 8 à 14 ans	0 80

Pension au restaurant (sans vin)	Pour 10 jours	3 $50	par jour
	— 20 —	3 00	— —
	au mois	80 00	
	pour enfant de 3 à 8 ans	0 80	par jour
	pour enfant de 8 à 14 ans	1 20	— —

Prix par jour	1 pers.	2 pers.	Enfants	
			3 à 8 ans	8 à 14 ans
Pension complète (chambre et repas compris). sans vin. à la journée	1 $60	9 $00	1 $30	2 $00
— semaine	5 00	8 00	1 20	1 80
— quinzaine ou au mois	4 50	7 00	1 00	1 60

Domestiques : Nourriture indigène : 0$50 par jour.
Réduction : 10°/₀ pour familles ayant 3 enfants et au-dessus âgés de moins de 16 ans.

Bungalow de Kampot

*154 km. de Pnom-Penh
33 km. de Bo'kor, 22 km. de Kep*

Chambres..	de 1 à 7 jours	1 personne	1 $50
	»	2 personnes	2 00
	de 7 à 14 jours	1 personne	1 20
	»	2 personnes	1 50
	Lit supplémentaire pour enfant		0 30

Repas......	petit déjeuner	0 30
	déjeuner ou dîner (sans vin)	1 20
	Enfants de 3 à 7 ans	0 40
	— 7 à 10 ans	0 60
	— 10 à 14 ans	0 80

Prix par jour	Céliba-taires	Ménage	Enfants en plus			Chambre supplé-mentaire
			3 à 7 ans	7 à 10 ans	10 à 14 ans	
Pension complète (chambre et repas sans vin) 1 semaine	4 $00	7 $00	1 $00	1 $50	2 $00	1 $00
2 semaines	3 50	6 00	1 00	1 50	3 00	1 00
3 semaines	3 25	5 50	0 90	1 35	1 80	0 90
4 semaines	3 00	5 00	0 80	1 20	1 60	0 80

Hôtel de Soairieng

125 km. de Pnom-Penh, 110 km. de Saigon

Chambre : 1$50 par jour.
Repas (déjeuner ou dîner sans vin) : 1$20.

Bungalow de Pursat

188 km. de Pnom-Penh, 102 km. de Battambang

Chambre : par jour	1 $50
Repas (sans vin ... Petit déjeuner	0 30
Déjeuner	1 00
Dîner	1 30

Bungalow de Kratié

206 km. de Pnom-Penh

Chambres (1 lit)	1 $50
Chambres (2 lits)	2 00
Repas...... petit déjeuner	0 30
déjeuner (sans vin)	1 20
dîner id	1 20

Bungalow de Kompong-Chhnang

93 km. de Pnom-Penh, 197 km. de Battambang

Chambres	1 $50 par jour
Repas (sans vin)... petit déjeuner	0 30
déjeuner	1 20
dîner	1 20

Bungalow de Kompong-Cham

125 km. de Pnom-Penh

Grande chambre	1 $50 par jour
Chambre ordinaire	1 00 » »
Repas (vin compris)... petit déjeuner	0 30
déjeuner	1 25
dîner	1 25

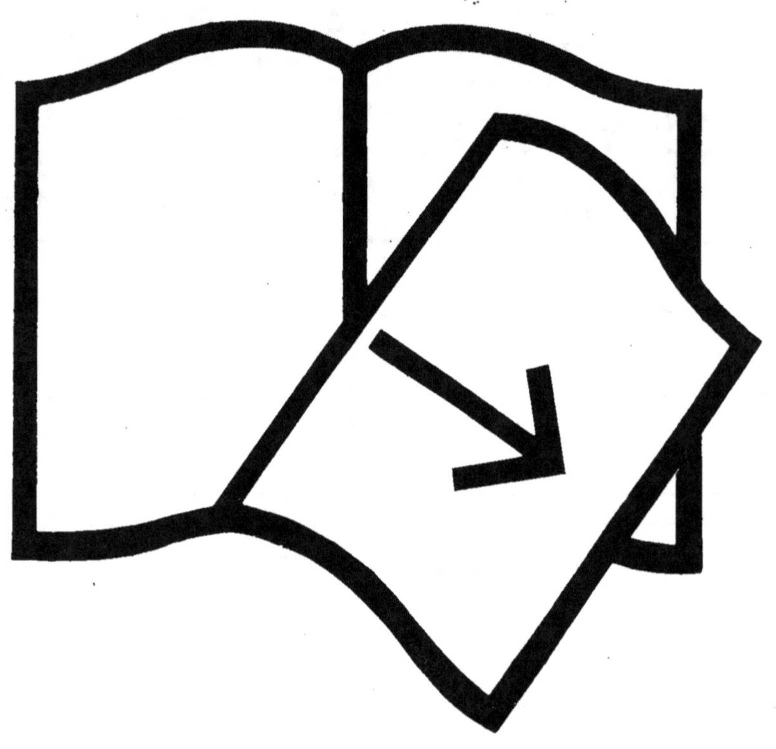

Documents manquants (pages, cahiers...)

NF Z 43-120-13

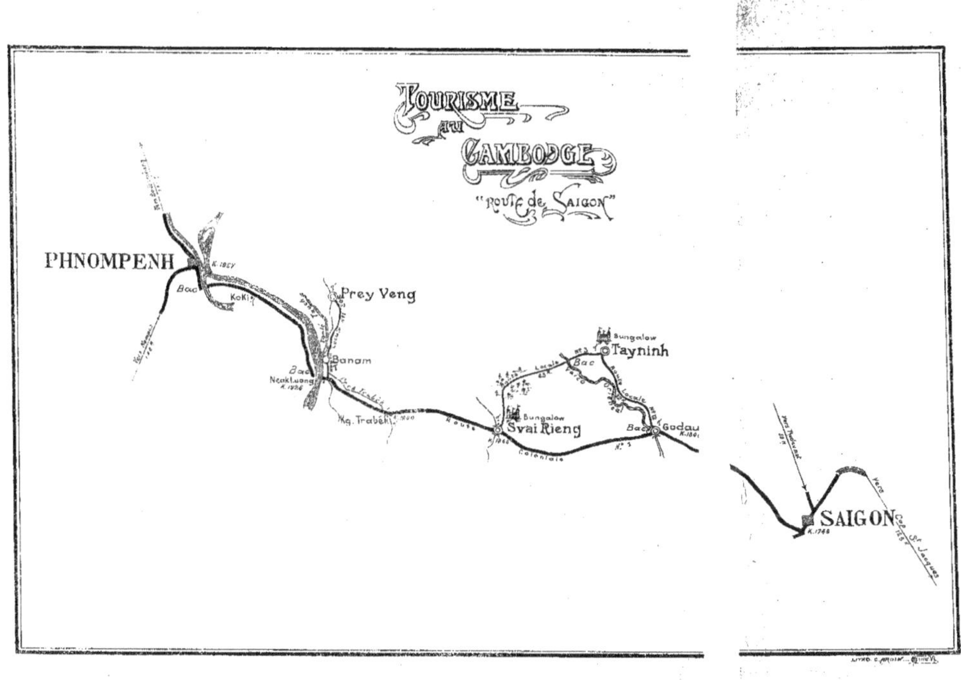
Tourisme au Cambodge
"Route de Saigon"
PHNOMPENH
K.1864
Bac
KoKi
Prey Veng
Banam
Bac
Neak Luong
K.1836
Kg. Trabek
Bungalow
Tayninh
Bac
Bungalow
Svai Rieng
Godau
K.1801
Coloniale
N°1
SAIGON
K.1746

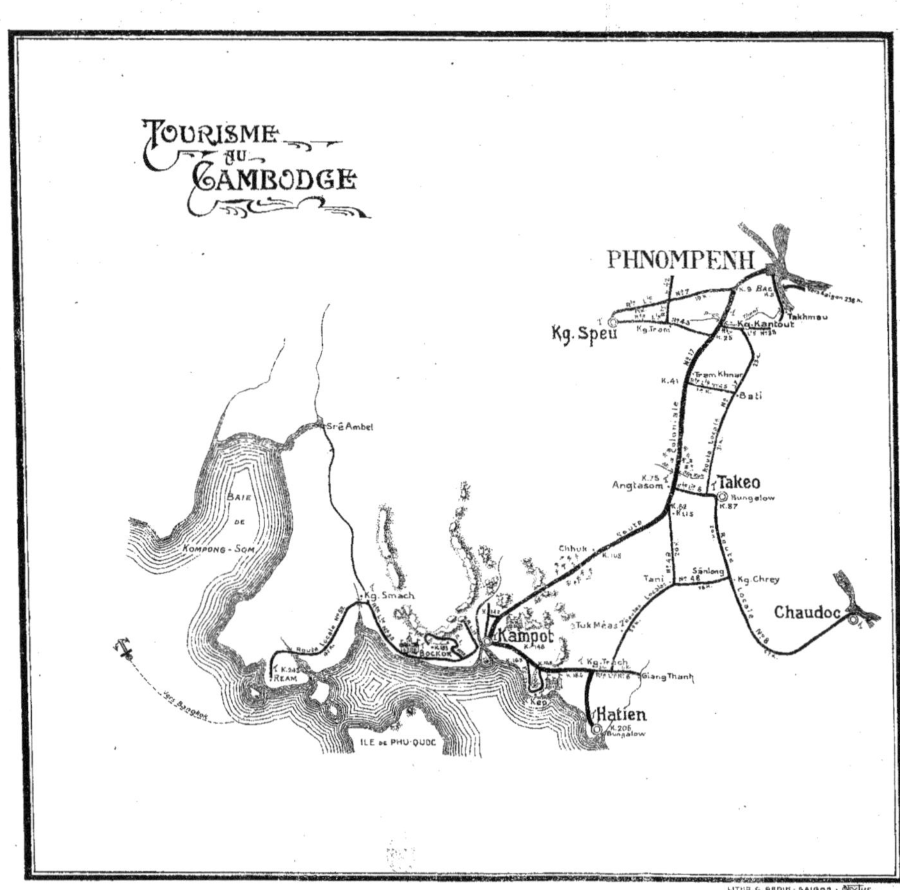

TOURISME AU CAMBODGE
PHNOMPENH
Kg. Speu
Takhmau
Kg. Tram
Kau Kantout
Saigon 238 k.
Tram Khnar
K.41
Bati
Coloniale
Anglasom
K.75
Takeo
Bungalow
K.87
K.115
Sràs Ambel
BAIE DE KOMPONG-SOM
Chhuk
K.115
Sânlong
Tani
Kg. Chrey
Kg. Smach
Tuk Méas
Chaudoc
BOKOR
Kampot
K.243 REAM
Kg. Trach
Keo
Giang Thanh
Hatien
K.205 Bungalow
ILE de PHU-QUOC

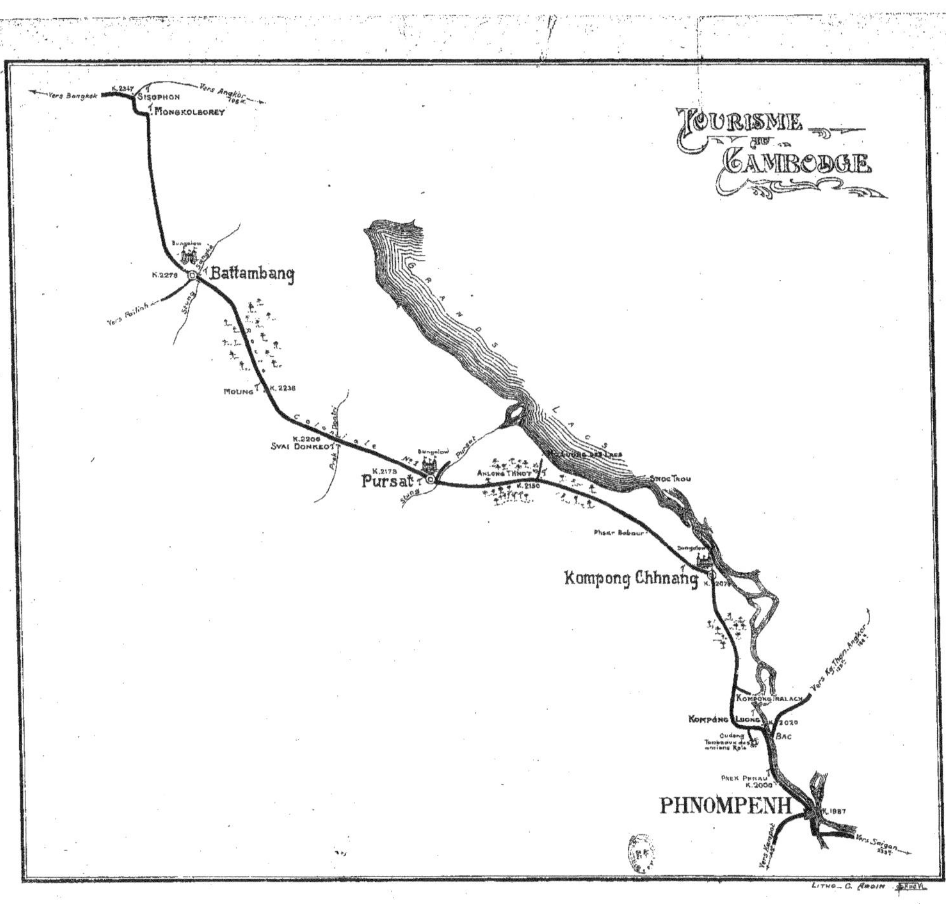
TOURISME AU CAMBODGE
Vers Bangkok
K.2347
SISOPHON
MONGKOLBOREY
Vers Angkor 105 K.
Bungalow
K.2279
Battambang
Vers Pailinh
MOUNG K.2238
Coloniale
K.2206
SVAI DONKEOT
Bungalow Nr 1
K.2173
Pursat
ANLONG THNOT
K.2150
GRANDS LACS
LUONG DES LACS
SNOC TROU
Phsar Babaur
Bungalow
Kompong Chhnang
K.2079
Vers Kg Thom Angkor
KOMPONG TRALACH
Kompong Luong
K.2020
BAC
Oudong
Tombeaux des anciens Rois
Prek Phnau
K.2000
PHNOMPENH
K.1887
Vers Kompot
Vers Saigon
LITHO. G. ARDIN SAIGON

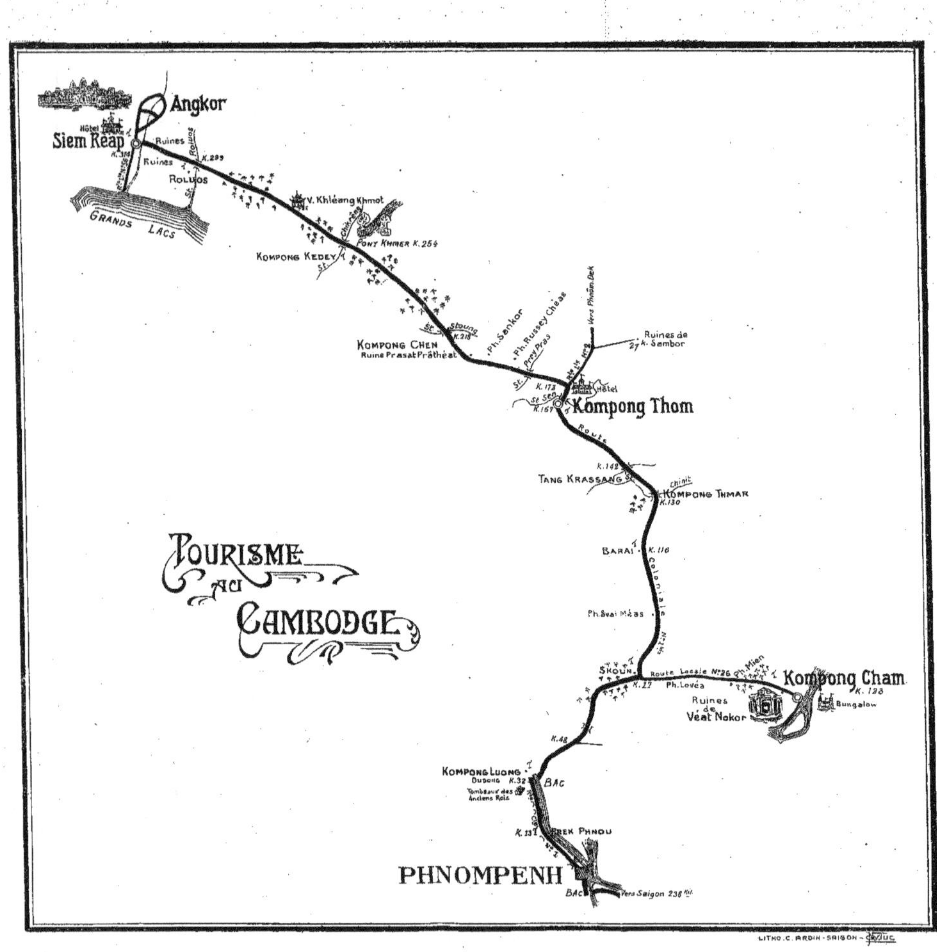

Angkor
Hôtel
Siem Reap
Ruines
Roluos
K.314
K.299
Ruines
ROLUOS
GRANDS LACS
V. Khléang Khmot
PONT KHMER K.254
Kompong Kedey
St Staung
K.218
St Sankor
Ph. Russey Cheas
Prey Prea
Vers Phnôm Dek
Ruines de
27 k. Sambor
KOMPONG CHEN
Ruins Prasat Prathéat
St Sen
K.172
Hôtel
K.161
Kompong Thom
Route
K.145
TANG KRASSANG
Chinit
Kompong Thmar
K.130
BARAI K.116
Coloniale
Ph. Svai Méas
SKOUN
Route Locale N°26
Ph. Mien
Kompong Cham
K.27
Ph. Lovéa
K.128
Ruines
de
Véat Nokor
Bungalow
K.48
KOMPONG LUONG
Dubong K.32
BAC
Tombeaux des
Anciens Rois
K.131
PREK PHNOU
PHNOMPENH
BAC
Vers Saigon 236 k/
TOURISME
AU
CAMBODGE
LITHO. C. ARDIN - SAIGON - CHOLON